教科書ガイド

教育出版版 完全準拠

中学 | 英語

ONE WORLD 2
English Course

新興出版社

CONTENTS

発音表記一覧

	母音			子音	
記号		**例**	**記号**		**例**
iː	イー	eat [íːt イート]	p	プ	pen [pén ペン]
i	イ	big [bíg ビグ]	b	ブ	bed [béd ベド]
e	エ	head [héd ヘド]	t	ト	cat [kǽt キャト]
æ	ア	apple [ǽpl アプル]		トゥ	two [túː トゥー]
ɑ	ア	comic [kámik カミク]	d	ド	door [dɔ́ːr ドー]
ɑː	アー	father [fɑ́ːðər ファーザ]		ドゥ, デュ	during [djúəriŋ デュアリング]
ɔː	オー	ball [bɔ́ːl ボール]	k	ク	book [búk ブク]
u	ウ	cook [kúk クク]	g	グ	good [gúd グド]
uː	ウー	food [fúːd フード]	m	ム	mother [mʌ́ðər マザ]
ʌ	ア	much [mʌ́tʃ マチ]		ン	trumpet [trʌ́mpit トランペト]
ə	ア	arrive [əráiv アライヴ]	n	ヌ	night [náit ナイト]
	イ	uniform [júːnəfɔ̀ːrm ユーニフォーム]		ン	Monday [mʌ́ndei マンデイ]
	ウ	often [ɔ́ːfən オフン]	ŋ	ン	think [θíŋk スィンク]
	エ	chocolate [tʃɔ́ːkələt チョークレト]		ング	long [lɔ́ːŋ ロング]
	オ	melon [mélən メロン]	f	フ	family [fǽməli ファミリ]
ər	ア(ー)	teacher [tíːtʃər ティーチャ(ー)]	v	ブ	live [lív リヴ]
əːr	アー	bird [bə́ːrd バード]	θ	ス	three [θríː スリー]
ɑːr	アー	park [pɑ́ːrk パーク]	ð	ズ	brother [brʌ́ðər ブラザ]
ɔːr	オー	morning [mɔ́ːrniŋ モーニング]	s	ス	school [skúːl スクール]
ei	エイ	day [déi デイ]	z	ズ	busy [bízi ビズィ]
ai	アイ	kind [káind カインド]	ts	ツ	let's [léts レツ]
au	アウ	house [háus ハウス]	ʃ	シュ	shop [ʃáp シャプ]
ɔi	オイ	boy [bɔ́i ボイ]	ʒ	ジュ	usually [júːʒuəli ユージュアリ]
ou	オウ	cold [kóuld コウルド]	tʃ	チュ	natural [nǽtʃərəl ナチュラル]
iər	イア(ー)	here [híər ヒア(ー)]	dʒ	ヂ	just [dʒʌ́st ヂャスト]
eər	エア(ー)	where [hwéər ホウェア]	h	ハ	hand [hǽnd ハンド]
uər	ウア(ー)	sure [ʃúər シュア]	l	ル	animal [ǽnəməl アニマル]
			r	ゥル	room [rúːm ゥルーム]
			j	ユ	music [mjúːzik ミューズィク]
			w	ウ	winter [wíntər ウィンタ]

本書の構成と使い方

Lesson (Part 1・2・3)

本文と日本語訳

本文は教科書と同じ文を掲載しています。
本文がスムーズに理解できるように，なるべく自然な日本語で訳してあります。
（日本語訳には，わかりやすくするために？や！がついているところもあります。）

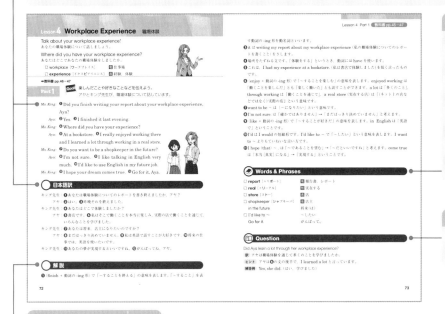

Words & Phrases

発音（カタカナ）・品詞・
意味がついています。
本書では品詞を次のよう
に表しています。

名	名詞	代	代名詞
動	動詞	形	形容詞
副	副詞	前	前置詞
接	接続詞	冠	冠詞
助	助動詞	間	間投詞

Question

確認問題のヒントと
解答例を示しています。

解説

語句の使い方や文法を
中心に解説しています。
既習事項や関連事項にも
ふれています。

Listen

授業の予習になるアドバイスがついています。

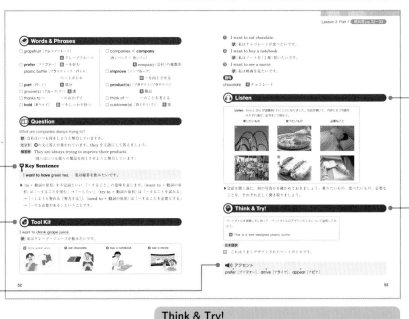

Key Sentence

重要表現の日本語訳と
解説を掲載しています。

Tool Kit

解答例と日本語訳，
語句を掲載しています。

音のつながり／発音／
アクセント

教科書で取り上げられて
いる音声や発音を，カタ
カナでわかりやすく示し
ています。

Think & Try!

活動のヒントになる日本語訳がついています。

Review / Task / Grammar

Review
日本語訳，解答例，解説を
掲載しています。

Task
活動のヒントになる英語部分の
訳を掲載しています。

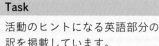
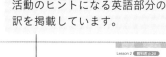

Grammar
日本語訳を掲載しています。
教科書の文法解説の理解が
深まります。

その他のページ

Project
表現活動のヒントになる日本語訳がついています。

Tips
日本語訳や語句を掲載しています。

Useful Expressions
日本語訳を掲載しています。

Reading / Further Reading
日本語訳と解説を掲載しています。
Question にはヒントと解答例がついています。
Comprehension Check には日本語訳と解答例がついています。

Activities Plus（教科書巻末）
日本語訳を掲載しています。

この本で使われている主な記号

▶：重要事項やテストに出そうな事項をまとめています。

＊：補足的な説明を加えています。

参考：該当事項の参考例文などを示しています。

写真提供：アフロ　ゲッティイメージズ　Photolibrary

Ms. King's Trip with Her Friend 友達とのキング先生の旅行

➡教科書 p.4

Goal 1年生で学習した表現を使ってさまざまな情報を理解しよう。

キング先生が, 友人のサリー (Sally) としまなみ海道をサイクリングする計画について話しています。

Ms. King: ❶We are going to ride down the Shimanami Kaido by bicycle.

❷We will enjoy a fantastic view of the beautiful sea!

Sally: ❸There are so many islands in the sea.

Ms. King: ❹We will ride through six islands.

❺On the second island, there is a castle and museum.

日本語訳

キング先生：❶私たちは自転車でしまなみ海道を下る予定よ。❷美しい海のすばらしい景色を楽しむの！

サリー：❸すごくたくさんの島が海にあるのね。

キング先生：❹6つの島を通り抜けて乗って行きましょう。❺2つ目の島に, お城の博物館があるわ。

解 説

❶〈be 動詞 (am, is, are) + going to ～〉で「すでに決まっている予定」を表します。be 動詞は主語に合わせます。ride down ～ は「乗って行く [(南へ) 下る]」, by bicycle は「自転車で」という意味です。交通手段を表すときは by bus (バスで), by train (電車で) のように冠詞 (a, the) を使いません。

❷will ～ で「～でしょう」という単なる未来や,「～します [するつもりです]」という話し手の意志を表します。

❸〈There are + 複数主語 + in ....〉で「…に～がある」という意味を表します。主語が単数のと

きは，are ではなく is を使います。so many ～ は「非常に多くの～」ということです。
❹ride through ～ は「(自転車に)乗って～を通り抜ける」の意味を表します。
❺the second ～ は「2番目の～」ということです。必ず the をつけて使います。

参考 the first ～ 「1番目 [最初] の～」，the third ～ 「3番目の～」

文の後半で there is ～ と is が使われているのは，主語の a castle and museum が単数だからです。つまり，「城と博物館」(複数)ではなく「城と博物館を兼ねた建物，城型資料館」(単数)ということです。城と博物館が別々の場合は，There are a castle and a museum. となります。

参考 a white and a black cat「白ネコと黒ネコ」(2匹)
　　 a white and black cat「白黒ぶちのネコ」(1匹)

Words & Phrases

☐ **trip** [トリプ]　　名 旅行
　 Sally [サリ]　　名 サリー(女の人の名)
☐ **view** [ヴュー]　　名 景色
☐ **through** [スルー]　前 ～を通り抜けて
☐ **second** [セコンド]　形 2番目の

Tool Kit

I am **going to** **be fourteen soon**.
訳 私はもうすぐ14歳になります。

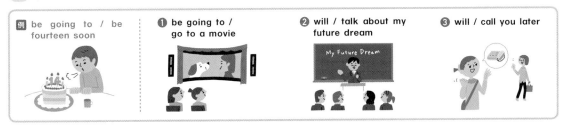

❶ I am going to go to a movie.　　訳 私は映画に行く予定 [つもり] です。
❷ I will talk about my future dream.　訳 私の将来の夢についてお話ししましょう。
❸ I will call you later.　　訳 あとであなたに電話しますね。

語句
future dream　将来の夢
later　　　　 副 あとで

7

Sally: ❶I love Japanese castles. ❷ What's the name of the castle?

Ms. King: ❸ It's Innoshima Suigun Castle. ❹ It looks like an interesting one.

Sally: ❺ We must go and see it on the way!

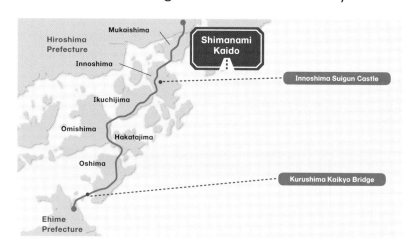

日本語訳

サリー：❶私は日本のお城が大好き。❷そのお城の名前は何？
キング先生：❸因島水軍城よ。❹見た目がおもしろいお城なの。
サリー：❺私たち，途中でそれを見に行かないといけないわね！

解説

❷What's は What is の短縮形です。サリーは城の名前をたずねています。

❸It は the name of the castle（その城の名前）をさしています。

❹この It は Innoshima Suigun Castle をさしています。〈looks like ＋ 名詞〉は「～のように見える」の意味です。主語が I と you 以外で単数（3人称単数）の場合は，動詞に s や es をつけるのでしたね。

参考「～（の状態）に見える」は〈look ＋ 形容詞〉で表します。
　　　例 He looks sleepy.「彼は眠そうです。」

an interesting one（おもしろいもの）の one は，前に出てきた数えられる単数名詞，つまり castle をさします。キング先生は過去に行ったことがあるので，「おもしろい城に見える」→「見た目がおもしろい城だ」と言っています。

❺must ～ は「～しなければならない」ですが，ここでは義務や強制ではなく，「ぜひ～すべきだ」ということです。go and see it は「それを見に行く」，on the way は「途中で」の意味を表し

ます。

参考 On my way home, I saw Tom in the park.

「帰宅途中に，私は公園でトムを見かけました。」

📖 Words & Phrases

Innoshima Suigun Castle **名** 因島水軍城

☐ on the way　　　　　　（目的地への）途中で

📖 Question

How many islands do Ms. King and Sally ride through?

訳 キング先生とサリーはいくつの島を（自転車に）乗って通り抜けますか。

ヒント 教科書 p.4 の 5 行目で，キング先生は We will ride through six islands. と言っています。

will ではなく do を使った質問であることに注意して答えましょう。

解答例 They ride through six islands.（彼女たちは 6 つの島を（自転車に）乗って通り抜けます）

🔷 Tool Kit

There are **some hospitals** in my town.

訳 私の町には病院がいくつかあります。

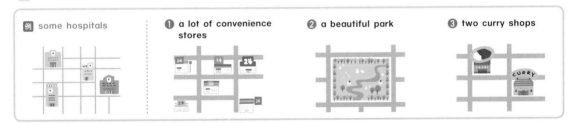

| 例 some hospitals | ❶ a lot of convenience stores | ❷ a beautiful park | ❸ two curry shops |

❶　There are a lot of convenience stores in my town.

　　訳 私の町にはコンビニエンス・ストアがたくさんあります。

❷　There is a beautiful park in my town.

　　訳 私の町には美しい公園が 1 つあります。

❸　There are two curry shops in my town.

　　訳 私の町にはカレーの店が 2 つあります。

▶主語が単数なら is，複数なら are を使います。

Review Lesson Part ❷

➡教科書 p.6

キング先生とサリーが，日本人のガイドといっしょに松山市を散策しています。

Ms. King: ❶ Matsuyama is famous for haiku, right?

Guide: ❷ Yes, it is. ❸ Look, that is a haiku postbox. ❹ In this town, you have to write a haiku and put it in every day.

Ms. King: ❺ Oh, really?

Guide: ❻ Just kidding. ❼ But I write haiku every day.

日本語訳

キング先生：❶松山は俳句で有名ですよね？

ガイド：❷ええ，そうです。❸見てください，あれは俳句のポストです。❹この町では，あなたたちは毎日俳句を書いて，それを中に入れなければなりませんよ。

キング先生：❺本当ですか？

ガイド：❻冗談ですよ。❼でも私は毎日，俳句を書きますよ。

解 説

❶「～で有名だ」は be famous for ～ で表します。～ , right? は「～ですよね」と確認する表現です。

❷Yes, it is. の it は Matusyama をさしています。

❹you は Ms. King と Sally をさしています。have to ～ は「～する必要がある，～しなければならない」という意味です。put it in は「それを中に入れる」ということで，it は haiku をさしています。

❻Just kidding. は「冗談ですよ」という決まり文句で，I'm just kidding. とも言います。kid は「冗談を言う，からかう，ふざける」の意味の動詞です。

Words & Phrases

□ **famous** ［フェイマス］ 　形 有名な

□ be famous for 〜 　　　〜で有名である

□ **guide** ［ガイド］ 　　　名 案内人，ガイド

□ **postbox** ［ポウストバクス］名 郵便ポスト

□ put 〜 in 　　　　　　　〜を中に入れる

 ## Tool Kit

We **have to** **get up early tomorrow**.

訳 私たちはあした早く起きなければなりません。

❶　We have to speak English in class.

　　訳 私たちは授業で英語を話さなければなりません。

❷　We must finish our homework by tomorrow.

　　訳 私たちはあしたまでに宿題を終えなくてはなりません。

❸　We must go home soon.

　　訳 私たちはもうすぐ家に帰らなくてはなりません。

語句

in class　　授業で，授業中に

by 〜　　　前 〜までに(は)

soon　　　副 すぐに，じきに

Ms. King: ❶Wow, you must really love haiku!

Guide: ❷Many people here love haiku. ❸Look. ❹That's a stone haiku tablet. ❺We can see those tablets everywhere.

Ms. King: ❻How many tablets are there in this town?

Guide: ❼There are about 600.

Ms. King: ❽That's impressive!

日本語訳

キング先生：❶わあ，あなたは本当に俳句が大好きなんですね！

ガイド：❷ここの多くの人は俳句が大好きです。❸見てください。❹あれは俳句の石碑［句碑］です。❺私たちはあれらの碑をいたるところで見ることができます。

キング先生：❻この町には碑がいくつあるのですか？

ガイド：❼約600あります。

キング先生：❽それはみごとですね！

解説

❶キング先生が Wow と驚いたのは，教科書p.6の最後でガイドが I write haiku every day（私は毎日俳句を書きます［つくります］）と言ったからです。You must really love ～ . は「あなたは本当に～を愛さなければならない」という意味ではなく，この must は「～に違いない」という確信を表します。

参考 She must be tired.「彼女は疲れているに違いない。」

❷主語は Many people here（ここの多くの人）です。Many people in this town［Matsuyama］と言いかえられます。

❹stone haiku tablet（石の俳句の碑）は，一般的に「句碑」と呼ばれます。

❺those（あれらの）は that（あの）の複数形で，複数名詞の前につけます。

❻How many ～？は数をたずねる文です。疑問文なので there are が are there になっています。

参考 How many books are there in this library?「この図書館に本が何冊ありますか。」

❼「碑がいくつありますか」に対しては「～つあります」と数を答えます。600のあとに tablets が省略されています。

❽That's は That is の短縮形で，That はガイドが言った内容をさします。キング先生は「約600もあるなんて impressive（みごとな，印象的な）だ」と感想を述べています。

Words & Phrases

▶ must 　　　　　　　　 **助** きっと～に違いない

□ **stone** ［ストゥン］ 　 **名** 石

□ tablet ［タブレト］ 　　 **名** 碑

□ impressive ［インプレスィヴ］ **形** みごとな

 Question

Does the guide write haiku every day?

訳 ガイドは毎日，俳句を書きますか。

ヒント 教科書 p.6 の最後で，ガイドは I write haiku every day と言っています。

解答例 Yes, he does.（はい，書きます）

🔊 **Tool Kit**

How many **schools** are there in this town? — There are **three schools**.

訳 この町には学校がいくつありますか。— 学校は3つあります。

> **例** schools / three
> ❶ convenience stores / two
> ❷ parks / one
> ❸ hospitals / two

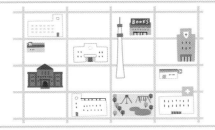

❶　How many convenience stores are there in this town?

　　— There are two convenience stores.

　　訳 この町にはコンビニエンス・ストアがいくつありますか。

　　　　 — コンビニエンス・ストアは2つあります。

❷　How many parks are there in this town?

　　— There is one park.

　　訳 この町には公園がいくつありますか。— 公園は1つあります。

❸　How many hospitals are there in this town?

　　— There are two hospitals.

　　訳 この町には病院がいくつありますか。— 病院は2つあります。

▶ 1つあるときは There is ～ . で答え，2つ以上あるときは There are ～ . で答えます。

■日本語訳を参考にしてみよう。

1.「〜する必要がある」や「強い命令」を伝えるとき

We **have to** study for the test. 訳 私たちはテストの勉強をしなければなりません。

I **don't have to** wash the dishes now.

訳 私は今，お皿[食器]を洗う必要はありません。

We **must** help each other.

訳 私たちはお互いを助けなくては[助け合わなくては]なりません。

We **mustn't** give up. 訳 私たちはあきらめてはいけません。

語句

test　　　　　　　　　　名 テスト

each other［イーチ／アザ］　お互いに

2. 予定や未来についての予想を述べるとき

My brother **is going to** be seventeen soon. 訳 私の兄[弟]はもうすぐ17歳になります。

Is he **going to** do it all by himself?

訳 彼はすべて彼自身で[自分で]それをする予定[つもり]ですか。

—Yes, he is. / No, he isn't. 訳 はい，そうです。／いいえ，そうではありません。

It **will** be cloudy in Kyoto tomorrow. 訳 あした，京都は曇りでしょう。

It **won't** be snowy in Sapporo tomorrow. 訳 あした，札幌では雪は降らないでしょう。

3. ものがあることや，人がいることを述べるとき

There is a book on the desk. 訳 机の上に本が（1冊）あります。

There are five people in my family. 訳 私の家族には5人います［私は5人家族です］。

Are there any famous singers from this town?

訳 この町出身の有名な歌手がだれかいますか。

—Yes, **there are** . / No, **there aren't** . 訳 はい，います。／いいえ，いません。

解説

1. have [has] to 〜と must 〜

▶ どちらも「〜しなければならない」の意味で，言いかえることができますが，have [has] to 〜は「そうする理由があるから〜しなければならない」(客観的な必要性)，must 〜は「(話し手がそう思うから)…は〜しなければならない」(話し手の命令)という意味合いがあります。

▶ 否定の don't [doesn't] have to 〜 と must not 〜 は，まったく意味が違います。

You don't have to go shopping.　　訳 あなたは買いものに行く必要はありません。
You must not go shopping.　　訳 あなたは買いものに行ってはいけません。

▶「〜しなければならなかった」と過去のことを言うときは，have [has] の過去形 had を使って表します (must の過去形はありません)。

She had to go shopping.　　訳 彼女は買いものに行かなければなりませんでした。

2. be going to と will

どちらも「未来」のできごとを表すときに使いますが，次のような違いがあります。

▶〈be 動詞 + going to〉は，すでに決まっている予定や計画を伝えるときに使います。日本語の「〜する予定です」「〜するつもりです」にあたります。また，「〜しそうです」の意味にもなります。空が曇ってきて確実に雨が降りそうなときは，It is going to rain soon. (もうすぐ雨が降りそうです) と言います。

▶ will は，発言する前に決まっていなかったことや，その場で思いついたことなどを伝えるときに使い，日本語の「〜なるでしょう」にあたります。また，「〜しましょう」「〜するつもりです」と意志を表すこともできます。

例 I will call you at five.　　訳 5時にあなたに電話しますね。

3. There is [are] 〜 . が使えないとき

▶ この構文は，my notebook (私のノート) や the bag (そのバッグ)，Ms. King (キング先生) などの特定のもの[人]には使えません。つまり，(×) There is my notebook on that desk. は誤文で，正しくは My notebook is on that desk. (私のノートはあの机の上にあります) と言わなければなりません。

▶ water のような数えられないものが「ある」ときは，必ず There is 〜 . の文で表します。「ビンの中に水がいくらかあります」は，There is some water in the bottle. と言います。

4. There is [are] 〜 . の文の書きかえ

▶ There is a big park in my town. = My town has a big park.
　　訳 私の町には大きな公園が (1つ) あります。

▶ There are two libraries in my city. = My city has two libraries.
　　訳 私の市には図書館が2つあります。

Service Dogs　<ruby>介助犬<rt>かいじょけん</rt></ruby>

Talk about service dogs!
介助犬について話しましょう。

Do you know about service dogs?
あなたは介助犬について知っていますか。

□ **service** ［サーヴィス］**名** 勤労　　service dog　介助犬

➡教科書 pp.10－11

Part 1　 <ruby>盲導犬<rt>もうどうけん</rt></ruby>について説明しよう。
アヤとボブが，盲導犬について話しています。

Bob: ❶My father gave me this book.　❷It's about service dogs.

Aya: ❸What kind of dog is this?

Bob: ❹It's a guide dog.　❺It wears a harness.

Aya: ❻What is the harness for?

Bob: ❼A blind person can send messages to the guide dog through it, for example, "go" and "stop."

Aya: ❽Can the guide dog also send its owner messages?

Bob: ❾Yes, messages like "there is a corner" and "there is an obstacle."

🔵 日本語訳

ボブ：❶父がぼくにこの本をくれたんだ。❷介助犬についてのものだよ。

アヤ：❸これはどんな種類のイヌ？

ボブ：❹盲導犬だよ。❺それはハーネス［<ruby>胴輪<rt>どうわ</rt></ruby>］をつけているんだ。

アヤ：❻ハーネスは何のためのもの？

ボブ：❼目の不自由な人は，それを通じて盲導犬にメッセージを送ることができるんだ，たとえば「行け」とか「止まれ」とか。

アヤ：❽盲導犬も，その所有者にメッセージを送ることができるの？

ボブ：❾うん，「曲がりかどがある」とか「障害物がある」といったメッセージをね。

解説

❶〈give ＋ 人＋もの〉で「（人）に（もの）をあげる」の意味を表します。gave me は「私にあげた」ではなく「私にくれた」と訳すとよいでしょう。

❷It's は It is の短縮形で，It は this book をさします。service dog（介助犬）は，身体が不自由な人を援助するために訓練されたイヌのことで，guide dog（盲導犬）や hearing dog（聴導犬）などを含みます。

❸What kind of ～? は「どんな種類の～ですか」という意味です。

❺wear は「～を身につけ（てい）る［着る］」の意味の動詞で，いろいろなものに使われます。
例 wear a cap「帽子をかぶ（ってい）る」，wear shoes「靴をはく［はいている］」

❻What is ～ for? は「～は何のため（のもの）ですか」と目的をたずねる文です。

❼〈send ＋ もの ＋ to ＋ 人・動物〉で「（もの）を（人・動物）に送る」の意味を表します。これは〈send ＋ 人・動物＋もの〉で言いかえることができます。❼の文の前半 ＝ A blind person can send the guide dog messages through it

❽send its owner messages で「その所有者にメッセージを送る」という意味になります。これは〈send ＋ もの ＋ to ＋ 人・動物〉で言いかえることができます。❽の文 ＝ Can the guide dog also send messages to its owner?

❾どんなメッセージを所有者に送るかを説明しています。like は前置詞で「～のような」の意味です。there is ～ は「～がある」でしたね。

Words & Phrases

guide dog	盲導犬
□ **wear**［ウェア］	動 ～を着る
harness［ハーネス］	名 ハーネス，胴輪
What ～ for?	～は何のためですか。
□ blind［ブラインド］	形 目の不自由な
□ **send**［センド］	動 ～を送る
□ **message(s)**［メスィヂ（ズ）］	名 メッセージ
□ **owner**［オウナ］	名 所有者
□ obstacle［アブスタクル］	名 障害物

📖 Question

What does a guide dog wear?

訳 盲導犬は何を身につけていますか。

ヒント ❹と❺の文を読めばすぐにわかります。

解答例 It wears a harness.（それはハーネスを身につけています）

🔑 Key Sentence

My father **gave me this book**. 私の父は私にこの本をくれました。

▶「（人）に（もの）をあげる」は〈give + 人 + もの〉または〈give + もの + to + 人〉の語順で表します。 **上の例文** = My father **gave this book to me**.

▶ gave me は「私にあげた」→「私にくれた」と考えます。

▶このような語順になる動詞には，send，tell，show などがあります。

〈send + 人 + もの〉:「（人）に（もの）を送る」

〈tell + 人 + もの〉:「（人）に（もの）を伝える［話す］」

〈show + 人 + もの〉:「（人）に（もの）を示す［見せる］」

🧰 Tool Kit

My father **gave** me **this watch**.

訳 私の父は私にこの腕時計をくれました。

例 gave / this watch ❶ showed / his new tablet PC ❷ told / the news ❸ sent / an email

tablet PC タブレット PC   email E メール

❶ My father showed me his new tablet PC.

訳 私の父は私に彼の新しいタブレット PC を見せました。

❷ My father told me the news.

訳 私の父は私にそのニュースを話してくれました。

❸ My father sent me an email.

訳 私の父は私に E メールを送りました。

語句 Tablet PC 名 タブレット PC

email 名 E メール

18

🎧 Listen

Listen 会話を聞いて，内容に合う絵をそれぞれ選び，記号を○で囲もう。

(1) Ⓐ Ⓑ

(2) Ⓐ You must study～ You have to study～ He has to study～

Ⓑ ·5x + y · x + 2y
·10xy · 3x²
· ½ x + ¼

(3) Ⓐ Ⓑ MAIL

▶「（人）に…を～する」という意味の文が出てきます。注意して聞き取りましょう。

💡 Think & Try!

次の会話を演じてみよう。最後に自由にやりとりを加えよう。

Bob: My father gave me this book. It's about service dogs.

Aya: What kind of dog is this?

Bob: It's a guide dog.

例 What's this? — It's a harness.
　 What does a guide dog do? — It helps blind people.

日本語訳

ボブ：父がぼくにこの本をくれたんだ。介助犬についてのものだよ。

アヤ：これはどんな種類のイヌ？

ボブ：盲導犬だよ。

例 これは何ですか？ — それはハーネスです。
　 盲導犬は何をしますか？ — それは目の不自由な人々を助けます。

🔊 文のリズム

What is the harness for?
●　 ●　 ● 　 ●

＊大きい丸の部分を強く発音します。全体をリズムよく発音してみましょう。

Part 2

Goal 盲導犬の記事を読んで，自分の意見や知っていることなどを伝えよう。

アヤとボブが，インターネットで盲導犬の記事を読んでいます。

---

❶ **Guide Dogs in Japan**

❷ In 1939, the first guide dog came to Japan from Germany. ❸ Today, there are about one thousand guide dogs in Japan. ❹ However, over seven thousand people need them.

Bob: ❺ There aren't enough guide dogs.

Aya: ❻ Why not?

Bob: ❼ Because it takes time and effort. ❽ These dogs live with puppy walkers for about a year. ❾ Then, they need training for another year.

Aya: ❿ I see. ⓫ I hope that many blind people will be able to have guide dogs.

Bob: ⓬ I hope so, too. ⓭ But I don't think many people know about this problem.

日本語訳

❶ 日本の盲導犬

❷ 1939年に，最初の盲導犬がドイツから日本にやって来ました。❸ 現在，日本には約1,000頭の盲導犬がいます。❹ しかし，7,000人を超える人々がそれらを必要としています。

ボブ：❺ 盲導犬が十分にいないんだね。

アヤ：❻ どうしていないのかな？

ボブ：❼ 時間と努力を必要とするからさ。❽ これらのイヌは約1年間，パピー・ウォーカーといっしょに生活するんだ。❾ その後，それらはもう1年間，訓練が必要なんだ。

アヤ：❿ わかったわ。⓫ 多くの目の不自由な人が盲導犬を持てるといいな。

ボブ：⓬ ぼくもそう思う。⓭ でもぼくには，この問題について多くの人が知っているとは思えないよ。

解説

❸「〜がいる」という文で，主語は about one thousand guide dogs（約1,000頭の盲導犬）です。

❹主語は over seven thousand people（7,000人を超える人々）です。

❺There aren't enough 〜 . は「十分な〜がない［いない］」「〜が足りない」ということです。

❻「なぜ not なの？」と聞き返しています。この文は，Why aren't there enough guide dogs?（なぜ十分な盲導犬がいないのですか）を短く言ったものです。

❼take time は「時間がかかる」，take effort は「努力がいる」という意味です。

❽These は This の複数形で，These dogs（これらのイヌ）は guide dogs をさします。puppy walker とは，盲導犬候補の子犬を10か月から1年間，家族の一員として育てるボランティアのことです。for 〜 は期間を表します。

❾they は前の文の These dogs をさしています。need training は「訓練を必要とする」，for another year は「もう1つの［別の］年の間」→「もう1年間」ということです。

⓫I hope that 〜 . で「〜ということを望む」という意味を表します。この that は省略することができます。be able to 〜 は「〜できる」なので，will be able to 〜 で「〜できるだろう」という未来を表します。全体で「〜できるといいな」という意味になります。

⓬「私もそう望みます」は「そうなると［そうだと］いいですね」ということです。

⓭I don't think (that) 〜 . は I think (that) 〜 . を打ち消した文で，「〜ということを思わない」→「〜だと思わない」の意味になります。this problem（この問題）は，「多くの人が必要としているのに，日本には盲導犬が十分にいない」という問題をさしています。

📖 Words & Phrases

☐ **thousand**［サウザンド］	名形 1,000（の）
☐ **however**［ハウエヴァ］	副 しかし（ながら），けれども
☐ **over**［オウヴァ］	前〔数字の前で〕〜以上
☐ **need**［ニード］	動 〜を必要とする
puppy walker(s)［パピ／ウォーカ］	パピー・ウォーカー
☐ **training**［トレイニング］	名 訓練
▶ take(s)	時間・労力を必要とする
☐ take time	時間がかかる
☐ **effort**［エファト］	名 努力
☐ take effort	努力がいる

📖 Question

Are there enough guide dogs in Japan?

訳 日本には十分な盲導犬がいますか。

ヒント ❺の文（ボブの発言）を読めば答えがわかります。

解答例 No, there aren't.（いいえ，いません）

🔑 Key Sentences

I think (**that**) **many blind people need guide dogs.**

私は多くの目の不自由な人が盲導犬を必要としていると思います。

I hope (**that**) **it will be sunny tomorrow.**　私は，あした晴れるといいなと思います。

▶ think that ～は「～ということを思う，～だと思う」，hope that ～は「～ということを望む」，know that ～は「～ということを知っている」という意味です。

▶ この that はよく省略されます。

📦 Tool Kit

I **think** that **a guide dog does a great job.**

訳 私は，盲導犬はすばらしい仕事をすると思います。

例 think / a guide dog does a great job

❶ think / our school is wonderful

❷ know / Paris is in France

❸ hope / it will be sunny tomorrow

Paris パリ

❶　I think that our school is wonderful.

訳 私は，私たちの学校はすばらしいと思います。

❷　I know that Paris is in France.

訳 私は，パリがフランスにあることを知っています。

❸　I hope it will be sunny tomorrow.

訳 私は，あした晴れるといいなと思います。

語句

do a great job　すばらしい仕事をする

Paris［パリス］　名 パリ（フランスの首都）

🎧 Listen

Listen 会話を聞いて，それぞれの内容に合う絵を選び，（　）に記号を書こう。

❶（　　）
❷（　　）
❸（　　）

▶それぞれの英語に含まれるキーワードを聞き取って，それをもとに絵を選びましょう。

💭 Think & Try!

次の会話を演じてみよう。最後に自由にやりとりを加えよう。

Bob: There aren't enough guide dogs.

Aya: Why not?

Bob: Because it takes time and effort. These dogs live with puppy walkers
for about a year. Then, they need training for another year.

Aya: I see.

例 Do you want to be a puppy walker?
　— Yes, but I think it's a hard job.

日本語訳

ボブ：盲導犬が十分にいないんだね。

アヤ：どうしていないのかな？

ボブ：時間と努力を必要とするからさ。これらのイヌは約1年間，パピー・ウォーカーといっしょ
に生活するんだ。その後，それらはもう1年間，訓練が必要なんだ。

アヤ：わかったわ。

例　あなたはパピー・ウォーカーになりたいですか？
　— はい，でも私は，それは困難な［きつい］仕事だと思います。

🔊 音のつながり

I don't_think many people know about_this problem.

［アイ　ドンスィンク　メニ　ピープル　ノウ　アバウズィス　プラブレム］

（ぼくには，この問題について多くの人が知っているとは思えないよ）

23

Goal 体験したことやそのときの気持ちを伝えよう。

アヤが友達のハンナに，聴導犬(ちょうどうけん)についてのメールを書いています。

❶Hi Hanna,

❷I'm sorry that I didn't write for some time.

❸This afternoon I studied about hearing dogs. ❹They tell deaf people about sounds. ❺For example, in the case of a doorbell, the dog touches its owner and leads the person to the door.

日本語訳

❶こんにちは，ハンナ，

❷しばらくの間，書かなくてごめんなさい。

❸今日の午後，私は聴導犬について勉強しました。❹それらは耳の不自由な人たちに，音について伝えます。❺たとえば，玄関(げんかん)の呼び鈴(りん)の場合は，イヌが所有者にふれて，その人をドアに導きます。

解 説

❷I'm sorry は相手にあやまる表現です。I'm sorry that ～ . で「～してすみません」の意味を表します。「～」が，sorry という気持ちになった理由です。この that は省略できます。
for some time は「いくらかの時間」→「しばらく（の時間）」と考えます。

❸study about ～ は「～について勉強する」という意味です。

❹They は，前の文の hearing dogs（聴導犬）をさします。〈tell ＋ 人 ＋ about ～ 〉は「（人）に～について伝える［教える］」という意味です。聴導犬はさまざまな音（sounds）を聞き取って，それを所有者に伝えるのです。

❺「音」の例をあげています。in the case of a doorbell（玄関の呼び鈴の場合は）は「玄関の呼び鈴が鳴ったら」ということです。〈lead ＋ 人 ＋ to ～ 〉は「（人）を～に導く，（人）を～に連れて行く」という意味で，the person（その人）は its owner（それの所有者）をさしています。

📘 Words & Phrases

□ for some time　　　　　　しばらくの間
　 hearing dog［ヒアリング／ドーグ］聴導犬
□ deaf［デフ］　　　　　　　形 耳が聞こえない
□ case［ケイス］　　　　　　名 場合
　 in the case of ～　　　　　～の場合は
□ doorbell［ドーベル］　　　 名 玄関の呼び鈴
□ lead(s)［リード(リーズ)］　 動 ～を導く

🔑 Key Sentences

I'm sorry **(that)** I didn't write for some time.
しばらくの間，（手紙・Eメールなどを）書かなくてすみません。
I was happy **(that)** you sent me a letter.
私は，あなたが私に手紙を送ってくれてうれしかったです。

▶ I'm sorry (that) ～ . は「私は～ということをすまなく思う」という意味です。that 以下が，すまなく思っていることの理由です。
▶ I was happy (that) ～ . は「私は～ということをうれしく思った」という意味です。that 以下がうれしく思ったことの理由です。
▶ that は省略されることがあります。

🎧 Listen

Miyu と Tom の会話を聞いて，パピー・ウォーカーになるために必要なことをメモしよう。

▶こまめにメモを取りながら聞きましょう。メモはカタカナで書いてもかまいません。

❶Yesterday I was in a restaurant with my mother. ❷A man with a dog came in, but the restaurant owner stopped him. ❸She thought it was his pet. ❹Then she noticed the dog's jacket. ❺I was happy he was able to have lunch there.

❻I'm sure things like that happen a lot, but I hope people notice dogs at work.

❼Best,

❽Aya

日本語訳

❶昨日，私は母といっしょにレストランにいました。❷イヌを連れた男性が入ってきましたが，レストランの所有者は彼を止めました。❸彼女はそれが彼のペットだと思ったのです。❹そのとき彼女はそのイヌの上着に気づきました。❺私は，彼がそこで昼食を食べることができてうれしく思いました。

❻私は，そのようなことはきっとたくさん起こると思いますが，人々がイヌは働いているのだと気づくといいなと思います。

❼お元気で，

❽アヤ

解 説

❶I was in 〜 . は「私は〜（の中）にいた」ということです。

❷A man with a dog は「イヌを連れた男性」という意味です。stopped は stop の過去形で，「彼を止めた」は「彼が店に入るのを止めた」ということです。

❸thought は think（〜と思う，〜と考える）の過去形です。thought（that）〜 で「〜だと思った」の意味を表します。it は男性が連れているイヌをさします。英語で「〜は…だと思った」と言うときは，that 以下の動詞も過去形にします。この文を「彼女はそれが彼のペットだったと思った」と訳さないようにしましょう。

❹notice は「〜に気づく，〜に注目する，〜が目にとまる」などを表す動詞です。「そのイヌの上着に気づいた」は「そのイヌの上着を見て聴導犬だと気づいた」ということです。

❺I was happy（that）〜 . で「私は〜してうれしかった」という意味を表します。「〜」が happy という気持ちになった理由です。この文では was able to 〜（〜できた）が使われているので，「（彼が）〜できてうれしかった」という意味になります。

❻I'm sure（that）〜 . は「私は〜だと確信する」→「私はきっと〜だと思う」ということです。

things like that は「そのようなこと」の意味で，聴導犬をペットのイヌと間違えることをさしています。a lot は「たくさん」，at work は「働いている，仕事中で」という意味です。

❼Best という結びのことばは，Best wishes（お幸せに）を1語で言ったもので，親しい相手に対して使います。

📖 Words & Phrases

□ **man**［マン］　　　　　　　　名 男の人
□ **notice(d)**［ノウティス（ト）］　動 ～に気づく
□ **work**［ワーク］　　　　　　　名 仕事
□ **at work**　　　　　　　　　　働いている
▶ **best**　　　　　　　　　名［手紙などで］よろしくというあいさつ

📖 Question

Why did the restaurant owner stop the man with a dog?

訳 レストランの所有者はなぜ，イヌを連れた男性を止めたのですか。

ヒント ❸の文にその理由が書かれています。

解答例 Because she thought (that) the dog was his pet.
（彼女はそのイヌが彼のペットだと思ったからです）

⊛ Think & Try!

絵を見ながら，アヤのレストランでの体験を説明してみよう。

解答例

❶ Aya was in a restaurant with her mother.

❷ A man with a dog came in, but the restaurant owner stopped him.

❸ She noticed the dog's jacket.

❹ The man was able to have lunch there.

🔊 発音　［əːr］
work［ワーク］, word［ワード］, world［ワールド］／ bird［バード］, girl［ガール］, first［ファースト］

27

Review

➡教科書 p.16

📖 本文の内容に合うように，（　　　）内に適切な語を書こう。

　A guide dog can help a ¹(　　　　) person.　It sends its owner ²(　　　　) through the harness.　Today, there are about one ³(　　　　) guide dogs in Japan, but are not enough.　Aya ⁴(　　　　) that many blind people will have guide dogs.

　Guide dogs live with ⁵(　　　　) walkers for a year and then they have training for another year.　Bob ⁶(　　　　) think many people know about this.

　A ⁷(　　　　) dog tells a deaf person about sounds. A man with a hearing dog came in a restaurant.　The restaurant owner ⁸(　　　　) it was his pet, but then she noticed the dog's jacket.

解答と解説

1（ blind ）　　　　　　　　　盲導犬なので，「目の不自由な」という意味の形容詞が入ります。
2（ messages [information] ）　ハーネスを通じて所有者に送るものを考えて入れます。
3（ thousand ）　　　　　　　　「約1,000頭の盲導犬」の意味にします。
4（ hopes ）　　　　　　　　　　アヤの気持ちを表す動詞が入ります。
5（ puppy ）　　　　　　　　　　盲導犬が１年間，だれといっしょに生活するのかを考えます。
6（ doesn't ）　　　　　　　　　「～だと（は）思わない」という意味の文にします。
7（ hearing ）　　　　　　　　　耳の不自由な人を助けるイヌは「聴導犬」です。
8（ thought ）　　　　　　　　　過去の文なので，「～だと思った」という動詞の過去形が入ります。

日本語訳

　盲導犬は目の不自由な人を助けることができます。それはハーネスを通じてその所有者にメッセージ［情報］を送ります。現在，日本には約1,000頭の盲導犬がいますが，十分ではありません。アヤは，多くの目の不自由な人々が盲導犬を持つようになるといいなと思っています。

　盲導犬はパピー・ウォーカーと１年間，いっしょに生活し，それからもう１年間，訓練を受けます。ボブは，これについて多くの人が知っているとは思っていません。

　聴導犬は耳の不自由な人に，音について伝えます。聴導犬を連れた一人の男性がレストランに入って来ました。レストランの所有者は，それは彼のペットだと思いましたが，そのとき彼女はそのイヌの上着に気づきました。

28

Task

➡教科書 p.16

■日本語訳を参考にしてみよう。

Kenta と Mei がセラピードッグについて話しています。2人の会話を聞いて，その内容を3文でまとめて書こう。

（セラピードッグを必要としている人々）

_____ therapy dogs for their happiness.

（ペットのイヌとの違い）

Kenta didn't know that _____.

（訓練士に必要とされるもの）

Mei knew that _____.

日本語訳

_____ は，彼らの幸福のためにセラピードッグを_____。

ケンタは_____ということを知りませんでした。

メイは_____ということを知っていました。

語句

therapy［セラピ］　　　名 治療

therapy dog(s)　　　　セラピードッグ

happiness［ハピネス］　名 幸福

knew［ニュー］　　　　動 know（(～を)知っている）の過去形

■日本語訳を参考にしてみよう。

> *A:* ❶My father bought me this book. It's about soccer.
> *B:* ❷I think soccer is very exciting. Do you like soccer?
> *A:* Yes. I really enjoyed this book.
> *B:* I love soccer, too. ❸I'm glad that you also like it.

> **日本語訳**
>
> A：❶私の父は私にこの本を買ってくれました。それはサッカーについてのものです。
> B：❷私は，サッカーはとてもわくわくするものだと思います。あなたはサッカーが好きですか。
> A：はい。私は本当にこの本を楽しみました。
> B：私もサッカーが大好きです。❸私は，あなたもそれを好きでうれしく思います。

1. 「〈人〉に〈もの〉をあげる・送る」などと述べるとき…… ❶

My father **gave** me this book .　　訳 私の父は私にこの本をくれました。
　　　　　　　　〜に　…を

My mother **bought** me this T-shirt .　訳 私の母は私にこのTシャツを買ってくれました。
I'll **send** you an email tomorrow.　訳 私はあした，あなたにEメールを送りましょう。
Please **tell** me your favorite singer .　訳 どうぞ私にあなたのお気に入りの歌手を教えてください。

2. 自分の意見や知っていることを伝えるとき…… ❷

I think that soccer is very exciting .

　　　　　　　　　　訳 私は，サッカーはとてもわくわくすると思います。

I know Taro likes soccer very much .

　　　　　　　　　　訳 私は，タロウはサッカーが大好きなことを知っています。

I don't think math is difficult .　訳 私は，数学は難しいとは思いません。

3. 自分の気持ちとその理由を伝えるとき…… ❸

I'm glad that I met you again .　訳 私はあなたに再び会えて［再会して］うれしいです。
I'm sorry I'm late .　訳 遅れてすみません。

語句 met ［メト］ 動 meet（〜に会う）の過去形

Tips ❶ for Listening

➡教科書 p.18

 Goal 情報の聞き取り方を身につけよう。

■日本語訳を参考にしてみよう。

Let's Try!

あなたはアメリカ短期留学プログラムに参加しています。そして，次のことを知りたいと思っています。英語を聞いて，該当（がいとう）する情報を書き取ってみよう。

(1) 今日のニューヨークの天気はどうだろう。

(2) 明日の3時間目の授業では何を学ぶのだろう。

解説

(1)「～（場所）では …（天気）です」は，It を主語にして，It is … in ～ . のように表します。

例 It is [It's] rainy in Tokyo today.

「今日，東京では雨が降っています」

(2)「明日の3時間目に～（教科）を受ける」は，〈have + 教科名 + in the third period tomorrow〉のように言います。

例 You have math (class) in the third period tomorrow.

「皆（みな）さんは明日の3時間目に数学（の授業）を受けます」

語句

Boston	ボストン（米国マサチューセッツ州の州都）
New York	ニューヨーク（米国ニューヨーク州の都市で米国最大の都市）
Philadelphia	フィラデルフィア（米国ペンシルベニア州の都市）
Washington, D.C.	ワシントンD. C.（米国の首都）
	D.C. = District of Columbia（コロンビア特別区）の略

Lesson 2 Our Energy Sources 私たちのエネルギー源

Think and write about energy problems!
エネルギー問題について考え，書いてみましょう。

What are our energy sources?
私たちのエネルギー源は何ですか。

□ source(s)［ソース（ィズ）］ 名 源

→教科書 pp.20－21

Part 1 **Goal** 過去のある時点でしていたことを伝えよう。
ボブが，停電が起きたときの様子を日記に書きました。

❶ We had a power outage at our house this evening. ❷ It happened around seven thirty. ❸ Mom and I were in the kitchen. ❹ We were making a cherry pie.

❺ Dad was fixing his computer then. ❻ He ran into the kitchen. ❼ He looked scared.

❽ Jane was studying in her room. ❾ She came to the kitchen with a flashlight and said, "Are you OK, Dad?" ❿ She wasn't afraid at all. ⓫ Two hours later, the lights in the house came back on.

 日本語訳

❶今晩，私たちの家で停電になりました。❷それは7時30分頃に起きました。❸お母さんとぼくは台所にいました。❹ぼくたちはサクランボのパイをつくっていました。

❺お父さんはそのとき，コンピューターを修理していました。❻彼は台所にかけ込みました。❼彼はおびえているように見えました。

❽ジェーンは部屋で勉強していました。❾彼女は懐中電灯を持って台所にやって来て，「大丈夫，お父さん？」と言いました。❿彼女は全然怖がっていませんでした。⓫2時間後，家の照明が戻りました。

解説

❶had は have の過去形です。had a power outage で「停電があった」の意味を表します。

❷around は「～ぐらい，およそ～」で，about とほぼ同じ意味です。

❸were は are の過去形で，「～にいた」ということです。

❹〈was［were］＋動詞の -ing 形〉で「～していた」と過去のある時点でしていたことを表します。この形を過去進行形といいます。主語が複数なので were が使われています。

❺これも過去進行形の文です。主語が単数なので was が使われています。then（そのとき）は，停電が起きたときをさします。なお，❽も過去進行形の文です。

❻ran は run の過去形です。ran into ～ で「～にかけ込んだ」の意味を表します。

❼〈look ＋ 形容詞〉は「～のように見える」，scared は「おびえた」という意味です。

❾with ～ は「～を持って」という意味です。

❿wasn't は was not の短縮形です。not ～ at all で「全然～ない」の意味を表します。be afraid は「怖がっている」ということです。

⓫ ～ later は「～後」，came back on は「on に戻った」→「（電気・照明などが）ついた」と考えます。反対に「（電気・照明などが）切れて，止まって」は off といいます。

Words & Phrases

power outage［パゥァ／アゥティヂ］	名	停電
▶ around	前	～ぐらい，およそ～
mom［マム］	名	お母さん
☐ **kitchen**［キチン］	名	台所
dad［ダド］	名	お父さん
☐ **fix(ing)**［フィクス(ィング)］	動	～を修理する
☐ scared［スケアド］	形	おびえた
Jane［ヂェイン］	名	ジェーン(女の人の名)
☐ flashlight［フラシュライト］	名	懐中電灯
☐ not ～ at all		全然～ない
☐ **hour(s)**［アゥァ(ズ)］	名	時間，1 時間
☐ **light(s)**［ライト(ライツ)］	名	照明

📖 Question

What happened around seven thirty?

訳 7時30分頃，何が起きましたか。

ヒント ❶と❷の文から，そのとき何が起こったのかがわかります。〈主語 + did.〉の形で答えましょう。

解答例 A power outage did. (停電が起きました)

🔑 Key Sentence

We **were making** a cherry pie.　私たちはサクランボのパイをつくっていました。

▶「～していた，～しているところだった」と過去のある時点でしていたことを伝えるには，〈be動詞 (was, were) +動詞の -ing 形〉を使います。この形を過去進行形といいます。

▶ be 動詞は主語に合わせて使い分けます。am と is の過去形は was で，are の過去形は were です。

📦 Tool Kit

<u>My brother</u> was <u>making a cake</u>.

訳 私の兄 [弟] はケーキをつくっていました。

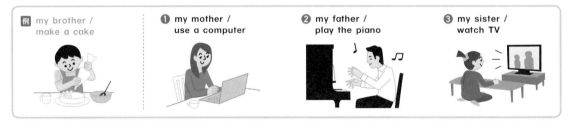

| 例 my brother / make a cake | ❶ my mother / use a computer | ❷ my father / play the piano | ❸ my sister / watch TV |

❶ My mother was using a computer.

　　訳 私の母はコンピューターを使っていました。

❷ My father was playing the piano.

　　訳 私の父はピアノを弾いていました。

❸ My sister was watching TV.

　　訳 私の姉 [妹] はテレビを見ていました。

▶ e で終わる動詞の -ing 形は，e を取って ing をつけます。make の -ing 形は making，また use の -ing 形は using です。

🎧 Listen

Listen　Haruto が昨晩の家族の様子について話しています。内容に合う絵を選び，（　）に記号を書こう。

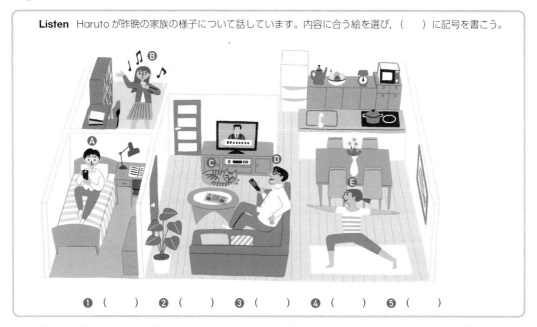

❶（　　）　❷（　　）　❸（　　）　❹（　　）　❺（　　）

▶主語に注意して，〈be 動詞（was，were）＋動詞の -ing 形〉を，特にしっかり聞き取りましょう。

💭 Think& Try!

Jane になりきって，停電のときの様子を日記に書いてみよう。

例　We had a power outage at our house this evening.　It happened around seven thirty.　Mom and Bob were in the kitchen.

日本語訳

例　今晩，私たちの家で停電になりました。それは 7 時30分頃に起きました。お母さんとボブは台所にいました。

🔊 発音
[auər] hour ［アゥア］, power ［パゥア］, flower ［フラゥア］

Part 2

Goal 何かが起きたときの描写をしてみよう。

アヤとボブが，昨晩の停電について話しています。

Bob: ❶There was a power outage in our area yesterday.

Aya: ❷Yes. ❸When it happened, I was doing math homework in my room. ❹What were you doing then?

Bob: ❺I was helping my mom in the kitchen. ❻By the way, what caused the power outage?

Aya: ❼I don't know for sure, but the newspaper says an accident happened at the power plant.

Bob: ❽We definitely need electricity in our everyday life. ❾At the same time, we must save energy.

Aya: ❿Exactly.

日本語訳

ボブ：❶昨日，ぼくたちの地域で停電があったね。

アヤ：❷ええ。❸それが起きたとき，私は私の部屋で数学の宿題をしていたの。❹あなたはそのとき何をしてたの？

ボブ：❺ぼくは台所でお母さんを手伝っていたんだ。❻ところで，何が停電を起こしたのかな？

アヤ：❼はっきりとはわからないけど，新聞には発電所で事故が起こったと書いてある。

ボブ：❽毎日の生活で，ぼくたちには間違いなく電気が必要だね。❾同時に，ぼくたちはエネルギーを節約しなくてはならないね。

アヤ：❿まったくそのとおり。

解 説

❶「〜があった」という文です。この文は，We had a power outage in our area yesterday. と言いかえることができます。

❸When it happened, 〜 . は「それ（＝停電）が起きたとき，〜」という意味で，when は「いつ」という意味ではありません。〈when ＋ 主語＋動詞〉は文の後半に置くこともできます。そ

の場合はコンマ（, ）を使いません。❸の文＝I was doing math homework in my room when it happened. なお，do math homework は「数学の宿題をする」という意味です。

❹what を使った過去進行形の疑問文です。「何を／あなたはしていましたか／そのとき」と考えます。

❻By the way, 〜 は「ところで，〜」と話題を変えるときに使います。caused は cause（〜を引き起こす）の過去形で，what caused 〜 ? で「何が〜を引き起こしたのか」という意味になります。what が文の主語になっています。

❼for sure は「確実に（は）」の意味です。the newspaper says (that) 〜 は「新聞は〜と言っている」→「新聞には〜と書いてある」ということで，「〜」の部分が新聞記事の内容です。

❽definitely は「間違いなく，絶対に」，electricity は「電気」，everyday life は「毎日の生活」という意味です。everyday は1語で「毎日の」という意味ですが，every day は2語で「毎日」を表します。

❾At the same time は「（それと）同時に」という意味です。

❿exactly は「正確に」という意味の副詞ですが，Exactly.「まさにそのとおりです」と同意するときにも使えます。

📖 Words & Phrases

□ **cause(d)**［コーズ（ド）］	動 〜を引き起こす
□ for sure	確実に［な］
□ **accident**［アクスィデント］	名 事故
power plant［パウア／プラント］	名 発電所
□ definitely［デフィニトリ］	副 間違いなく
□ **electricity**［イレクトリスィティ］	名 電気
□ everyday［エヴリデイ］	形 毎日の
□ **exactly**［イグザクトリ］	副 まさにそのとおりです

📖 Question

When the power outage happened, what was Aya doing?

訳 停電が起きたとき，アヤは何をしていましたか。

ヒント ❸の文を読み，主語を she（3人称単数）にして書きかえてみましょう。

解答例 She was doing math homework in her room.
（彼女は彼女の部屋で数学の宿題をしていました）

🔑 Key Sentence

When I came home, my father was watching TV.

私が家に帰ったとき，父はテレビを見ていました。

▶ 〈when + 主語+動詞〉で「…が～するとき」の意味を表します。

▶ 〈when + 主語+動詞〉を文の後半に置くこともできます。この場合は，途中にコンマを入れる必要はありません。

上の例文 = My father was watching TV **when I came home**.

📦 Tool Kit

When I **called Kana**, **she** was **making dinner**.

訳 私がカナに電話したとき，彼女は夕食をつくっていました。

例 called Kana / making dinner

❶ visited my aunt / reading a book

❷ saw Amy / walking her dog

❸ visited my grandfather / watching TV

❶ When I visited my aunt, she was reading a book.

　　訳 私がおばを訪ねたとき，彼女は本を読んでいました。

❷ When I saw Amy, she was walking her dog.

　　訳 私がエイミーを見かけたとき，彼女はイヌを散歩させていました。

❸ When I visited my grandfather, he was watching TV.

　　訳 私が祖父を訪ねたとき，彼はテレビを見ていました。

語句

walk　動 ～を歩かせる，～を散歩させる

🔊 文の区切り

When it happened,ⱽI was doing math homeworkⱽin my room.

（それが起きたとき，私は私の部屋で数学の宿題をしていました）

＊意味の区切りで少し区切って発音します。

🎧 Listen

Listen　停電のときにそれぞれの人物がしていたことを表す絵を選び,（　　）に記号を書こう。

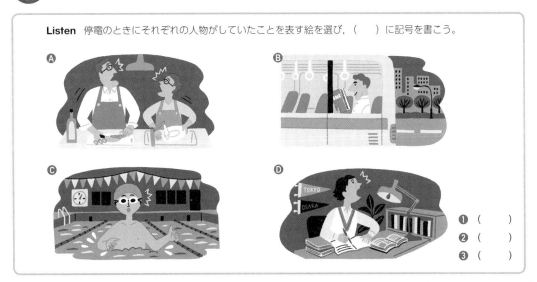

❶（　　）
❷（　　）
❸（　　）

▶「～していた, ～しているところだった」を表す〈be 動詞（was, were）＋動詞の -ing 形〉に注意して, 動詞とキーワードを聞き取りましょう。

💡 Think & Try!

次の会話を演じてみよう。最後に自由にやりとりを加えよう。

A: There was a power outage in our area yesterday.

B: Yes.　When it happened, I was doing homework in my room.　What were you doing then?

例　I was watching TV in the living room.　Were you OK?
　　— Yes, thank you.

語句 living room ［リヴィング／ゥルーム］　居間

日本語訳

A：昨日, 私たちの地域で停電がありました。

B：はい。それが起きたとき, 私は私の部屋で宿題をしていました。あなたはそのとき何をしていましたか？

例　私は居間でテレビを見ていました。あなたは大丈夫でしたか？
　　— はい, ありがとう。

39

Part 3

Goal 理由を添えて説明してみよう。

ボブが, 再生可能エネルギーについてスピーチをしています。

❶We use electricity every day. ❷We get most of our electricity from fossil fuels like coal and natural gas. ❸However, they pollute the air and water. ❹Also, they will not last forever.

❺Now we are using renewable energy, too. ❻It comes from sources such as wind, water, and sunlight. ❼It is clean energy because it doesn't cause pollution.

日本語訳

❶ぼくたちは毎日, 電気を使います。❷ぼくたちは電気の大部分を, 石炭や天然ガスのような化石燃料から手に入れます。❸しかし, それらは空気と水を汚染します。❹さらに, それらは永遠にはもたないでしょう。

❺今, 私たちは再生可能エネルギーも使っています。❻それは風や水や日光のような源からもたらされます。❼それは汚染を引き起こさないので, きれいなエネルギーです。

解説

❷get ～ from ... で「～を…から得る［手に入れる］」の意味を表します。手に入れるのは most of our electricity（私たちが使う電気の大部分）です。fossil fuels like ～ は「～のような化石燃料」, coal and natural gas は「石炭や天然ガス」です。

❸However は「しかし, けれども」という意味です。but と違って, 文のはじめでも使えます。they は前の文の fossil fuels をさします。pollute は「～を汚染する」という意味です。

❹Also は「さらに」と情報をつけ加えるときに使います。they will not ～ は「それらは～しないでしょう」という未来の文です。last は動詞で「（ある期間）もつ」, forever は「永遠に」の意味です。

❺「（化石燃料のほかに）再生可能エネルギーも使っている」ということです。

❻It は renewable energy をさします。sources such as ～ は「～のような源［起源］」ということです。such as は, ❷の like と同じく具体例を示すときに使います。ただし,「私はライオンやトラのような大きなイヌが好きです」は I like big dogs like lions or tigers. と言い, such as は使えません。「ライオンやトラなどの大きなイヌ」の意味になってしまうからです。

❼It も it も renewable energy をさします。because ～ は「～なので」と理由を表します。

Words & Phrases

□ **most**［モウスト］ 名大部分	□ renewable［ゥリニューアブル］
fossil fuel(s)［ファスィル／フュエル(ズ)］	形再生できる
化石燃料	renewable energy 再生可能エネルギー
□ coal［コウル］ 名石炭	□ **such**［サチ］ 形そのような，そんな
□ **gas**［ギャス］ 名ガス	□ **as**［アズ］ 接→ such as ~
□ pollute［ポリュート］ 動～を汚染する	□ such as ~ ～のような
□ **air**［エア］ 名空気	□ **wind**［ウィンド］ 名風
▶ **last** 動(ある期間)もつ	□ sunlight［サンライト］ 名日光
□ **forever**［フォレヴァ］ 副永遠に	□ pollution［ポリューション］ 名汚染

- ●[r]（アール）の発音について
  - [r] ……口をすぼめ，舌の先を口の中のどこにもつけずにラ行の音で発音します。本書では，口をすぼめることを小さい「ゥ」で示しました。
  - 例 right［ゥライト］ rose［ゥロウズ］

 ## Key Sentences

I like soccer **because it is very exciting**.

とてもわくわくするので，私はサッカーが好きです。

If it is fine next Sunday, I will play soccer.

もし今度の日曜日に晴れれば，私はサッカーをします。

▶〈because + 主語+動詞〉は「～は…なので」と理由を表します。

▶ If ～の文は，教科書 p.25 に出てきます。

Listen

Listen 会話を聞いて，内容に合うものを〇で囲もう。
- ❶ 遅くまで（ 宿題 ／ ゲーム ）をしていて，眠そうだった。 ❷ （ 寝坊 ／ 体調不良 ）のため，遅刻した。
- ❸ 誕生日に（ 靴 ／ 洋服 ）をもらって，うれしそうだった。

▶会話を聞く前に，まず（　　）内のことばを英語に直しておきましょう。そして，その英語が読まれるかどうかに集中しましょう。

❶Some people say they don't want to use it if it is too expensive. ❷Others say it is not dependable because seasons and weather change.

❸In my opinion, we should use renewable energy more. ❹If we can use fossil fuels less, it will be good for the earth.

日本語訳

❶ある人たちは，もしあまりに高価ならそれを使いたくないと言っています。❷別の人たちは，季節や天気が変わるのでそれは信頼できないと言っています。

❸ぼくの考えでは，ぼくたちは再生可能エネルギーをもっと使うべきです。❹もしぼくたちが化石燃料を使うのをもっと減らすことができれば，それは地球にとって望ましいでしょう。

解説

❶Some people say (that) ~ . は「何人かの［ある］人々は~と言っています」の意味ですが，「~と言っている人々がいます」と訳すこともできます。they don't want to use it（彼らはそれを使いたくない）の they は some people，it は clean energy をさします。if ~ は「もし~ならば」と条件を表します。つまり，「値段が高すぎる（too expensive）なら，きれいなエネルギーを使いたくない」と言っているのです。

❷Others say (that) ~ . は「ほかの人々は~と言っています」の意味ですが，「ほかに~と言っている人々もいます」と訳すこともできます。it は clean energy をさします。because ~ は「~なので」と理由を表します。つまり，「季節や天気が変わるので，きれいなエネルギーは信頼できない（not dependable）」と言っているのです。dependable は「信頼できる，頼りになる」という意味の形容詞です。

❸In my opinion は「私の考えでは」，we should use ~ more は「私たちは~をもっと（多く）使うべきだ」という意味です。

❹「もし~なら，…だろう」と条件を表す文です。この文のように，if ~ を文の前半に置くこともできます。そのときは If ~ , ... とコンマ（,）をつけます。less は「より少なく」という意味です。use ~ less で「~をより少なく使う」→「~を使うことをもっと少なくする，~を使うことをもっと減らす」ということです。また，good for ~ は「~にとってよい」→「~にとって望ましい［好ましい］」ということです。

📖 Words & Phrases

☐ **if** ［イフ］　　　　　　　　　接 もし〜なら

▶ too　　　　　　　　　　　　副 あまりに

☐ **expensive** ［イクスペンスィヴ］　形 高価な

☐ dependable ［ディペンダブル］　形 信頼できる

☐ **weather** ［ウェザ］　　　　　名 天気，天候

☐ **opinion** ［オピニオン］　　　名 意見

☐ in my opinion　　　　　　私の考えでは

☐ **more** ［モー］　　　　　　副 もっと

☐ **less** ［レス］　　　　　　　副 より少なく

📖 Question

Why is renewable energy clean?

訳 再生可能エネルギーはなぜきれいなのですか。

ヒント 教科書 p.24の最後の文の because 以下に，理由が書かれています。

解答例 Because it doesn't cause pollution. （それは汚染を引き起こさないからです）

⚙ Think & try!

次の文に自由に1文以上加えて，再生可能エネルギーについて知っていることを書いてみよう。

　　Renewable energy comes from sources such as wind, water, and sunlight. It is clean energy because it doesn't cause pollution.

_____

_____

例 We see a lot of solar panels in our town.

日本語訳

　再生可能エネルギーは風や水や日光のような源からもたらされます。それは汚染を引き起こさないので，きれいなエネルギーです。

例　私たちは，私たちの町で多くのソーラー・パネルを見かけます。

語句 solar ［ソウラ］　　　　　形 太陽の

　　solar panel ［ソウラ／パネル］ ソーラー・パネル（太陽電池板）

Review

📖 本文の内容に合うように, (　　　) 内に適切な語を書こう。

Bob had a power outage at his house. He ¹(　　　　) helping his mother in the kitchen then. His father was fixing his computer and his sister Jane was ²(　　　). An accident at the power plant ³(　　　　) the outage.

Later, Bob made a presentation about ⁴(　　　　) energy. Making electricity from fossil fuels ⁵(　　　) the air and water. Renewable energy is clean energy ⁶(　　　) it doesn't cause pollution. Some people say they don't want to use renewable energy if it is too expensive. ⁷(　　　) say it is not dependable. Bob thinks that ⁸(　　　) we can use fossil fuels less, it will be good for the earth.

解答と解説

1 (was) 　「～していました」という過去進行形の文です。

2 (studying) 　「勉強していました」という過去進行形の文にします。

3 (caused) 　「停電を引き起こした」という意味になるように, 動詞の過去形を入れます。

4 (renewable) 「再生可能エネルギー」という意味になるように, 形容詞を入れます。

5 (pollutes) 　「空気と水を汚染する」という意味になるように, 動詞を入れます。主語の Making electricity from fossil fuels が 3 人称単数であることに注意しましょう。

6 (because) 　(　　) 以下は, 再生可能エネルギーがきれいなエネルギーであることの理由を表しています。

7 (Others) 　Some people ～. に続く文なので, 「ほかの [別の] 人々は～」の意味になるようにします。

8 (if) 　that のあとは, 「もし～なら, それは…」という意味になります。

日本語訳

　ボブの家で停電がありました。彼はそのとき, 台所で母親を手伝っていました。彼の父親は彼のコンピューターを修理していて, 彼の姉 [妹] のジェーンは勉強していました。発電所の事故がその停電を引き起こしました。

　あとで, ボブは再生可能エネルギーについて発表をしました。化石燃料から電気をつくることは空気と水を汚染します。汚染を引き起こさないので, 再生可能エネルギーはきれいなエネルギーです。ある人たちは, もしあまりに高価なら再生可能エネルギーを使いたくないと言っています。別の人たちは, それは信頼できないと言っています。ボブは, もし私たちが化石燃料を使うのをもっと減らすことができれば, それは地球にとって望ましいだろうと考えています。

語句 presentation 名 プレゼンテーション

Task

➡教科書 p.26

■日本語訳を参考にしてみよう。

Aya と Hanna が再生可能エネルギー (renewable energy) についてインターネット通話で話しています。2 人のやりとりの内容をまとめて発表しよう。

（停電が起きたとき，Aya がしていたこと）

Aya _____.

（日本で化石燃料が使われる理由）

We use a lot of fossil fuels because _____.

（フィンランドで風力エネルギーが使われない理由）

Wind power is not good for Finland because _____.

（デンマークで風力エネルギーが使われる理由）

In Denmark, wind power is very popular because _____.

（ソーラーパネルを使用することについての Aya の考え）

Aya thinks that _____.

日本語訳

アヤは_____。

_____ので，私たちは多くの化石燃料を使います。

_____ので，風力はフィンランドには向いていません。

デンマークでは_____ので，風力はとても人気があります。

アヤは_____と考えています。

語句　Finland［フィンランド］　名 フィンランド（国名）

Denmark［デンマーク］　名 デンマーク（国名）

■日本語訳を参考にしてみよう。

A: ❶If you are free, let's play tennis.

B: ❷I'm sorry I can't because I have to do my homework.

日本語訳

A：❶もしあなたがひまなら，テニスをしましょうよ。

B：❷宿題をしなければならないので，すみませんができません。

We had a power outage yesterday. ❸When it happened, I was watching TV.

日本語訳

昨日，停電がありました。❸それが起きたとき，私はテレビを見ていました。

1. 過去のある時点でしていたことを述べるとき…… ❸

I **was listening** to music then. 　訳 私はそのとき音楽を聞いていました。

My father and mother **were watching** TV then.

　　　　　　　　　　　　　　　　訳 私の父と母はそのときテレビを見ていました。

2. どんな時のことかを述べるとき…… ❸

When I was a child, I lived in Osaka. 　訳 子どもだったとき，私は大阪に住んでいました。

My family moved to Tokyo **when** I was ten.

　　　　　　　　　　　　　　　訳 私が10歳のとき，私の家族は東京に引っ越しました。

3. 条件を述べるとき，理由を述べるとき…… ❶, ❷

If it is sunny next Sunday, let's play baseball.

　訳 もし今度の日曜日に晴れたら，野球をしましょうよ。

▶ If ～（もし～なら）では，未来のことでも現在形で表します（will は使いません）。

I didn't go to school yesterday **because** I was sick.

　訳 病気だったので，私は昨日学校に行きませんでした。

Because it snowed a lot, we had no school yesterday.

　訳 雪がたくさん降ったので，私たちは昨日学校がありませんでした。

Tips ❷ for Reading

→教科書 p.28

Goal 書き手の意向を理解しよう。

■日本語訳を参考にしてみよう。
●クラスメートの Rita (リタ) から，アヤにメールが届きました。アヤがメールを返信するときに必ず伝えなければならない内容を，日本語で書いてみよう。

SUBJECT: A question from Rita
件名，題
FROM: rita@tokyo.com

Dear Aya,

Hello. We had a sports day today. I enjoyed running and dancing with my friends. We didn't win, but we had a very good time.

Tomorrow we have five lessons, right? The schedule says we have no school
予定表   給食
lunch tomorrow. Do I need to take my own lunch tomorrow? Please tell me.
          ～する必要がある   自身の

See you later.

Rita

日本語訳

件名：リタからの質問
差出人：rita@tokyo.com
親愛なるアヤへ,
こんにちは。私たちは今日，運動会がありました。私は友人たちと走ったり踊ったりして楽しみました。私たちは勝ちませんでしたが，とても楽しく過ごしました。
あした，私たちは授業が5つありますよね。予定表には，あしたは給食がないと書いてあります。私はあした，自分の昼食を持って行く必要がありますか。どうぞ私に教えてください。
それではまた。
リタ

解説

▶「質問」は，Do I need to take my own lunch tomorrow? と書かれています。
▶「してほしいこと」は，Please tell me. と書かれています。

47

●カナダの姉妹校に通っている Jack（ジャック）から，アヤのクラスにメールが届きました。Jack
が最も伝えたいことは何か考えて，日本語で書いてみよう。

SUBJECT: Blue Sky

FROM: jack@canada.com

🗑 ↩ ↩↩ ➡

Dear class,

Hi, friends. How are you? Did you enjoy the weekend? I really enjoyed it. I

went shopping in Green City. I found an interesting book in a shop. The name
　　　　　　　　　　　　　　　　　～を見つけた

of the book is "Blue Sky." Do you know about it? It is a story about a Japanese

man. You can find it on the Internet. Please read it.

Bye.
じゃあね

Jack

日本語訳

件名：青空

差出人：jack@canada.com

親愛なるクラスの皆さんへ，

皆さん，こんにちは。元気ですか。きみたちは週末を楽しみましたか。ぼくはそれをとても楽し
みました。ぼくはグリーン市に買い物に行きました。ぼくはある店でおもしろい本を見つけまし
た。その本の名前は『青空』です。きみたちはそれについて知っていますか。それはある日本人
男性についての物語です。インターネットでそれを見つけることができます。どうぞそれを読ん
でください。

じゃあね。

ジャック

解説

▶「質問」は，Did you enjoy the weekend? ／ Do you know about it? と，2つ書かれていま
す。

▶「してほしいこと」は，Please read it. と書かれています。

48

Useful Expressions ❶

➡教科書 p.29

Directions ▶ 校舎案内の表現

 Goal 目的の場所への行き方を伝えて，校舎を案内しよう。

アヤが学校で，新しくやって来た ALT の先生に話しかけられました。

❶ Excuse me.
❷ **Where's** the teachers' room**?**

❸ **It's on the** second **floor.**
❹ **Go up the stairs and turn** right.

❺ **Turn** right **on the** second **floor?**

❻ That's right.
❼ **It's the** second **room.**

❽ I see. ❾ Thank you.

❿ You're welcome.

日本語訳

❶すみませんが。❷職員室はどこですか？　❸それは2階にあります。❹階段を上がって右に曲がってください。❺2階で右に曲がるのですね？　❻そのとおりです。❼それは2つ目の部屋です。❽わかりました。❾ありがとう。❿どういたしまして。

Words & Phrases

where's [ホウェアズ] ← where is	go up 〜　　　　　　〜を上がる
floor [フロー]　　名 (建物の)階	stair(s) [ステア(ズ)]　名 階段

Speak

下線部を置きかえて，次の場所への行き方を言ってみよう。

（1）library　（2）English room

解答例

（1）It's on the <u>third</u> floor. Go up the stairs and turn <u>right</u>. It's the <u>second</u> room.
（2）It's on the <u>third</u> floor. Go up the stairs and turn <u>left</u>. It's the <u>third</u> room.

Lesson 3 Design in Our Life 私たちの生活の中のデザイン

Speak about well-designed goods in our life!
私たちの生活の中のうまくデザインされた商品について話しましょう。

What are these goods for?
これらの商品は何のためのものですか。

- ☐ **design** [ディザイン]   名 デザイン
- ☐ well-designed [ウェルディザインド] 形 うまくデザインされた
- ☐ **goods** [グツ]   名 商品

➡教科書 pp.32−33

Part 1   Goal ペットボトルのデザインの工夫（くふう）について伝えよう。
ケンタがボブの家に遊びにきています。

Bob: ❶ We have green tea and grapefruit juice in the fridge. ❷ Which do you prefer?

Kenta: ❸ I want to have green tea, please.

Bob: ❹ Sure.

Bob: ❺ This is a well-designed plastic bottle.

Kenta: ❻ What do you mean?

Bob: ❼ Look at this part of the bottle. ❽ It has grooves. ❾ Thanks to these, we can hold it easily.

Kenta: ❿ Companies are always trying to improve their products.

Bob: ⓫ Right. ⓬ They need to think of their customers.

Kenta: ⓭ We can see many kinds of well-designed goods around us.

Bob: ⓮ You're right. ⓯ That's very interesting.

日本語訳

ボブ：❶冷蔵庫の中に緑茶とグレープフルーツ・ジュースがあるよ。❷きみはどっちのほうが好き？

ケンタ：❸緑茶を飲みたいな。

ボブ：❹わかった。

ボブ：❺これはうまくデザインされたペットボトルだね。

ケンタ：❻どういう意味？

ボブ：❼びん［ボトル］のこの部分を見て。❽そこに溝がついている。❾このおかげで，ぼくたちはそれを簡単につかめるんだ。

ケンタ：❿会社はいつも彼らの製品を向上させようと努力しているんだね。

ボブ：⓫そうだね。⓬彼らは彼らの客のことをよく考える必要があるんだ。

ケンタ：⓭ぼくたちの周りには，うまくデザインされたいろんな種類の商品を見かけるね。

ボブ：⓮そのとおりだよ。⓯それって，すごくおもしろいね。

解 説

❷prefer は「～を（より）好む」の意味で，比較するときに使います。

❸〈to ＋ 動詞の原形〉を不定詞といいます。〈want to ＋ 動詞の原形〉で「～することを望む」→「～したい」という意味を表します。I want to have ～ , please. は，「私は～を飲みたい」に please がついて，「～を飲ませてください」ということです。

❻mean は「～を意味する」の意味の動詞です。「あなたは何を意味していますか」→「どういう意味［こと］ですか」と考えます。

❽It は，前の文の this part of the bottle（びん［ボトル］のこの部分）をさしています。

❾Thanks to ～ は「～のおかげで」という意味です。these（これら）は grooves（溝）をさします。また，hold it（それをしっかり持つ［握る]）の it は the bottle をさします。

❿「～している」という現在進行形の文です。trying は try の -ing 形です。〈try to ＋ 動詞の原形〉で「～しようと（努力）する」という意味を表します。their は「会社の」をさします。

⓬They と their は「会社（の）」をさします。〈need to ＋ 動詞の原形〉で「～する必要がある」という意味を表します。think of ～ は「～のことを（よく）考える」という意味です。

⓭many kinds of ～ は「多くの種類の～」，around ～ は「～の周りで」の意味です。

⓯That（そのこと）は，ケンタが言った⓭の文の内容をさしています。

- [ ] grapefruit［グレイプフルート］
  　　　　　　　　　名 グレープフルーツ
- [ ] **prefer**［プリファー］　動 ～を好む
  　plastic bottle［プラスティック／バトル］
  　　　　　　　　　ペットボトル
- [ ] **part**［パート］　名 部分
- [ ] groove(s)［グルーヴ（ズ）］　名 溝
- [ ] thanks to ～　　～のおかげで
- [ ] **hold**［ホウルド］　動 ～をしっかり持つ

- [ ] companies ＜ **company**
  　［カンパニズ ＜ カンパニ］
  　　　　　　　名 company（会社）の複数形
- [ ] **improve**［インプルーヴ］
  　　　　　　　動 ～を向上させる
- [ ] **product(s)**［プラダクト（プラダクツ）］
  　　　　　　　名 製品
- [ ] think of ～　　～のことを考える
- [ ] customer(s)［カスタマ（ズ）］　名 客

 Question

What are companies always trying?

訳 会社はいつも何をしようと努力していますか。

ヒント ❿の文に答えが書かれています。they を主語にして答えましょう。

解答例 They are always trying to improve their products.

（彼らはいつも彼らの製品を向上させようと努力しています）

🔑 **Key Sentence**

I **want to have** green tea.　　私は緑茶を飲みたいです。

▶〈to + 動詞の原形〉を不定詞といい，「～すること」の意味を表します。〈want to + 動詞の原形〉は「～することを望む」→「～したい」，〈try to + 動詞の原形〉は「～することを試みる」→「～しようと努める［努力する］」，〈need to + 動詞の原形〉は「～することを必要とする」→「～する必要がある」ということです。

 Tool Kit

I want to **drink grape juice**.

訳 私はグレープ・ジュースが飲みたいです。

例 drink grape juice	❶ eat chocolate	❷ buy a notebook	❸ see a movie

❶ I want to eat chocolate.

　訳 私はチョコレートが食べたいです。

❷ I want to buy a notebook.

　訳 私はノートを(1冊)買いたいです。

❸ I want to see a movie.

　訳 私は映画を見たいです。

語句

chocolate　名 チョコレート

🎧 Listen

Listen　Tom と Sho が遊園地に行くことになりました。会話を聞いて，内容に合う写真を
それぞれ選び，記号を○で囲もう。

乗りたいもの	食べたいもの	必要なこと

▶会話を聞く前に，何の写真かを確かめておきましょう。乗りたいもの，食べたいもの，必要な
ことを，それぞれ正しく聞き取りましょう。

💡 Think & Try!

ペットボトルを実際に手に持って，ペットボトルのデザインの工夫について説明してみ
よう。

　例 This is a well-designed plastic bottle.

日本語訳

例　これはうまくデザインされたペットボトルです。

🔊 アクセント
prefer［プリファー］, arrive［アライヴ］, appear［アピア］

53

Part 2

 Goal 何かをする際の目的を伝えよう。

アヤ，ケンタ，ボブ，メイが「世界の人々に役立つデザイン展」を訪れています。

Mei: ❶Is this pot for food?

Mr. Ito: ❷No. ❸Some African people use pots like this to carry water. ❹Can you lift it up?

Mei: ❺Oh, it's so heavy!

Mr. Ito: ❻Women carry them to get water every day. ❼Some have to walk over 10 kilometers with them.

Mei: ❽It's impossible for me!

Mr. Ito: ❾This is very hard on women. ❿Now many people are trying to do something to reduce their hard work. ⓫For example, some people try to make new types of containers for water. ⓬Look at this container. ⓭What are the good points of this?

日本語訳

メイ：❶このつぼは食べもののためのものですか？

伊藤先生：❷いいえ。❸アフリカの人々の中には，このようなつぼを，水を運ぶために使う人たちもいます。❹あなたはそれを持ち上げられるかな？

メイ：❺わあ，すごく重い！

伊藤先生：❻女性たちは毎日，水を手に入れるためにそれらを運びます。❼それらを持って10キロ以上歩かなければならない人たちもいますよ。

メイ：❽私には不可能です！

伊藤先生：❾これは女性たちにはとても困難です。❿今では，多くの人たちが彼女たちの重労働を減らすために何かをしようと努力しています。⓫たとえば，水用の新しい型の容器をつくろうと試みる人たちもいます。⓬この容器を見てごらん。⓭これのよい点は何かな？

解 説

❶ for food は「食べもののための」→「食べものを入れるための」ということです。

❸ Some African people 〜 は,「アフリカの人々の中には〜」と訳すと自然な日本語になります。pots like this は「このようなつぼ」という意味です。to carry は〈to + 動詞の原形〉(不定詞)ですが,ここでは「〜すること」ではなく「〜するために」と目的を表します。

❹ it は❶の this pot をさします。❺の it も同じです。

❻ women は woman の複数形です。発音に注意しましょう。them は❸の pots like this をさします。

❼ Some は Some women のことです。「(女性の中には)〜する女性もいます」と考えます。have to 〜 は「〜しなければならない」,over 〜 は「〜以上,〜より多く」,with them は「それら (pots like this) を持って」という意味です。

❽ It は「つぼを持って10キロ以上歩くこと」をさします。

❾ This も「つぼを持って10キロ以上歩くこと」をさします。on は「〜に対して」を表します。

❿ 現在進行形の文です。are trying to do something は「何かをしようと努力している」,to reduce 〜 は「〜を減らすために」と目的を表します。〈to + 動詞の原形〉が出てきたら,「〜すること」の意味か「〜するために」の意味かをよく考えましょう。

⓫ new types of containers for water は「水のための [水を運ぶための] 新しい型の容器」ということです。

⓬ this container は教科書 p.34の右下に載っている青紫の容器をさします。

⓭ good points は「よい点,長所」という意味です。

Words & Phrases

□ **pot** [パト] 名容器,つぼ
□ African [アフリカン] 形アフリカの
□ **carry** [キャリ] 動〜を運ぶ
□ lift [リフト] 動〜を持ち上げる
□ lift 〜 up 〜を持ち上げる
□ **heavy** [ヘヴィ] 形重い
□ **women** < woman [ウィミン < ウマン] 名woman (女性)の複数形
□ **kilometer(s)** [キラミタ(ズ), キロミータ(ズ)] 名キロメートル
□ **impossible** [インパスィブル] 形不可能な
□ **something** [サムスィング] 代何か,あるもの
□ **type(s)** [タイプ(ス)] 名型
□ container(s) [カンテイナ(ズ)] 名容器
□ **point(s)** [ポイント(ポインツ)] 名特徴

55

📖 Question

What is the pot for?

訳 そのつぼは何のためのものですか。

ヒント ❸の文を見ると，for water（水の［水を入れる］ためのもの）だとわかります。

解答例 It is for water.（それは水のためのものです）／ Some African people［women］use pots like it to carry water.（アフリカ人［アフリカ人女性］の中には，そのようなつぼを，水を運ぶために使う人たちもいます）

🔑 Key Sentence

Some African people use pots **to carry** water.

アフリカ人の中には，水を運ぶためにつぼを使う人たちもいます。

▶〈to + 動詞の原形〉（不定詞）を使って，「〜するために」と目的を表すこともできます。この用法を「目的を表す不定詞の副詞的用法」といいます。

📦 Tool Kit

I **use the pot** to carry water.

訳 私は水を運ぶためにそのつぼを使います。

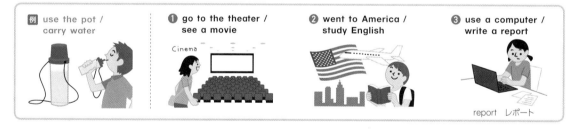

| 例 use the pot / carry water | ❶ go to the theater / see a movie | ❷ went to America / study English | ❸ use a computer / write a report |

report レポート

❶ I go to the theater to see a movie.

  訳 私は映画を見るためにその劇場［映画館］に行きます。

❷ I went to America to study English.

  訳 私は英語を勉強するためにアメリカに行きました。

❸ I use a computer to write a report.

  訳 私はレポートを書くためにコンピューターを使います。

(語句)

theater［スィアタ］ 名 劇場，映画館（movie theater）

report［ゥリポート］ 名 レポート

🎧 Listen

Listen 英語を聞いて，それぞれの内容に合う絵を選び，（　　）に記号を書こう。

▶「〜するために」を表す〈to + 動詞の原形〉に注意して聞き取りましょう。

✳ Think & Try!

次の会話を演じてみよう。最後に自由にやりとりを加えよう。

　　Mei: Is this pot for food?

Mr. Ito: No. Some African people use pots like this to carry water. Can
　　　　you lift it up?

　　Mei: Oh, it's so heavy!

Mr. Ito: Women carry them to get water every day.

例 How far do they have to walk?
　　—Some have to walk over 10 kilometers.

日本語訳

　　メイ：このつぼは食べもののためのものですか？

伊藤先生：いいえ。アフリカの人々の中には，このようなつぼを，水を運ぶために使う人たちも
　　　　　います。あなたはそれを持ち上げられるかな？

　　メイ：わあ，すごく重い！

伊藤先生：女性たちは毎日，水を手に入れるためにそれらを運びます。

例　彼女たちはどれくらい（の距離を）歩かなければなりませんか？

　　—10キロ以上歩かなければならない人たちもいます。

🔊 発音

[e] br<u>ea</u>d［ブレド］, h<u>ea</u>vy［ヘヴィ］, w<u>ea</u>ther［ウェザ］

[iː] <u>ea</u>t［イート］, t<u>ea</u>［ティー］, r<u>ea</u>d［ゥリード］

Part 3

Goal デザイン製品について，その用途などを伝えよう。

アヤが，「世界の人々に役立つデザイン展」で見たデザイン製品を紹介しています。

❶Last Sunday, I went to the City Hall to see a special exhibition. ❷It was an exhibition to show useful products.

❸I saw several useful tools for people in developing countries. ❹For example, this is a tool to change dirty water into clean water. ❺As you know, millions of people around the world cannot drink clean water.

日本語訳

❶この前の日曜日，私は特別な展示を見るために市役所に行きました。❷それは役立つ製品を見せるための展示でした。

❸私は開発途上国の人たちのための役立つ道具をいくつか見ました。❹たとえば，これは汚れた水をきれいな水にかえるための道具です。❺ご存じのように，世界中の何百万という人たちはきれいな水を飲むことができません。

解 説

❶to see 〜 は「〜を見るために」と目的を表します。

❷It は❶の a special exhibition（特別な展示）をさします。この文の to show（不定詞）は「見せるための」という意味です。〈名詞・代名詞 + to + 動詞の原形〉で「〜するための…」という意味を表します。exhibition to show 〜 で「〜を見せるための展示」という意味になります。

❸several（いくつかの）は some とほぼ同じ意味ですが，数えられる名詞の前だけに使えます。useful tools for 〜 は「〜のための役立つ道具」，developing country は「開発途上国」のことです。「先進国」は developed country といいます。

❹For example, 〜（たとえば，〜）と，「開発途上国の人々に役立つ道具」の例を挙げています。this は，教科書 p.36の写真に写っている水色の道具をさします。a tool to change は〈名詞 + to + 動詞の原形〉なので，「変えるための道具」という意味になります。change 〜 into ... は

「〜を…にかえる」ということです。この文から，写真に写っている道具は，水をきれいにするための道具だとわかります。

❺As you know は「ご存じのように」，millions of people around the world は「世界中の何百万もの［多数の］人々」ということです。

⌕ Words & Phrases

☐ **special**［スペシャル］　　　　　　　　形 特別な
☐ exhibition［エクスィビション］　　　　名 展示
☐ **useful**［ユースフル］　　　　　　　　形 役立つ
☐ tool［トゥール］　　　　　　　　　　　名 道具
☐ developing［ディヴェロピング］　　　形 開発途上の
　developing country［ディヴェロピング／カントリ］　開発途上国
☐ change 〜 into ...　　　　　　　　　　〜を…にかえる
☐ dirty［ダーティ］　　　　　　　　　　形 汚れた
☐ as you know　　　　　　　　　　　　ご存じのように
☐ **million(s)**［ミリオン（ズ）］　　　　名 100万
☐ millions of 〜　　　　　　　　　　　多数の〜

⚷ Key Sentences

I don't have **time to watch** TV today.　私は今日，テレビを見るための時間がありません。
I want **something cold to drink**.　　　私は冷たいものを飲みたいです。

▶名詞や代名詞のあとに〈to + 動詞の原形〉（不定詞）を使って，「〜するための…」という意味を表すことができます。

▶ something cold to drink は，「飲むための何か冷たいもの」→「（何か）冷たい飲みもの」という意味です。

参考 something to drink「飲むための何か」→「（何か）飲むもの」

🎧 Listen

Listen Tom とお母さんの会話を聞いて，内容に合うものをそれぞれ○で囲もう。
　Mother（ 書くものがほしい ／ 飲むものがほしい ）
　Tom（ 読む本がたくさんある ／ すべきことがたくさんある ）

▶ Tom（トム）と Mother（お母さん）のどちらのセリフか，メモを取りながら聞きましょう。

❶This is a cap to make a needle disposal container. ❷Many doctors and nurses prick their fingers with needles by mistake. ❸This cap is a tool to stop such accidents. ❹Just put it on an empty beverage can and use it like this.

❺I learned many scientists and designers are trying to help people in developing countries.

日本語訳

❶これは針を処理する容器をつくるためのキャップです。❷多くの医者と看護師は，誤って針で指を刺してしまいます。❸このキャップはそのような事故を止めるための道具です。❹飲みものの空き缶にちょっとそれを取りつけて，それをこのように使いましょう。

❺私は，多くの科学者やデザイナーが開発途上国の人たちを助けようと努力していることを学びました。

解 説

❶a cap to make ～ は〈名詞 + to + 動詞の原形〉なので，「～をつくるためのキャップ」という意味になります。to 以下がうしろから cap を説明していることに注意しましょう。a needle disposal container は「針を処理する容器」で，「廃棄針回収器」などと呼ばれています。

❷prick ～ with ... は「…で～をちくりと刺す」，by mistake は「誤って，うっかり」という意味です。

❸a tool to stop ～ も〈名詞 + to + 動詞の原形〉なので，「～を止めるための道具」という意味になります。such accidents (そのような事故)は「誤って針で指を刺してしまうような事故」をさしています。

❹Just ～ and use .... は「ちょっと～して，…を使いなさい」と指示する文です。put it と use it の it はキャップをさします。like this (このように)は，教科書 p.37の図のように，ということです。

❺I learned (that) ～ . は「私は～ということを学んだ」という意味です。「～」の部分の主語は many scientists and designers (多くの科学者やデザイナー)です。try to ～ は「～しようと努力する」なので，are trying to help ～ で「～を助けようと努力している」という意味になります。

Words & Phrases

☐ needle［ニードル］　名針

☐ disposal［ディスポウザル］　名（ごみなどの）処理

☐ prick［プリク］　動～をちくりと刺す

☐ prick ～ with ...　…で～をちくりと刺す

☐ **finger(s)**［フィンガ（ズ）］　名指

☐ **mistake**［ミステイク］　名誤り

☐ by mistake　誤って

☐ **empty**［エンプティ］　形空の

☐ **beverage**［ベヴァリヂ］　名飲み物

☐ can［キャン］　名缶

 ## Question

What did Aya learn at the exhibition?

訳 アヤは展示で何を学びましたか。

ヒント ❺の文の I learned のあとに，学んだことの内容が書かれています。

解答例 She learned many scientists and designers are trying to help people in developing countries. （彼女は，多くの科学者やデザイナーが開発途上国の人たちを助けようと努力していることを学びました）

 ## Think & Try!

アヤになりきって，「世界の人々に役立つデザイン展」で経験したことについて話してみよう。次の文に自由に1文以上加えよう。

There was a special exhibition to show useful products. I learned many scientists and designers are trying to help people in developing countries.

例 For example, I saw a tool to make a needle disposal container.

日本語訳

役立つ製品を見せるための特別な展示がありました。私は多くの科学者やデザイナーが開発途上国の人たちを助けようと努力していることを学びました。

例 たとえば，私は針を処理する容器をつくるための道具を見ました。

📖 本文の内容に合うように，（　　）内に適切な語を書こう。

The plastic bottles have ¹(　　　　). Thanks to these, we can hold it easily. Companies are trying ²(　　　)(　　　) their products. They ³(　　　)(　　　) think of their customers.

In Africa, some women use pots ⁴(　　　)(　　　) water and it is hard on them. Many people are trying to do something ⁵(　　　)(　　　) their hard work.

Aya saw a special exhibition of ⁶(　　　)(　　　). She found a tool ⁷(　　　)(　　　) dirty water into clean water there. She also found a tool to stop accidents with needles. She learned many scientists and designers are ⁸(　　　)(　　　) help people in developing countries.

解答と解説

1（ grooves ）		あとの文とのつながりを考えて，「ペットボトルには溝がある」という意味にします。
2（ to improve ）		会社は製品の質を「向上させようと」している，という文です。
3（ need to ）		They は「会社」をさします。「〜する必要がある」という意味にします。
4（ to carry ）		「運ぶために」と，目的を表す語句を入れます。
5（ to reduce ）		something 〜 が「減らすための何か」の意味になるようにします。
6（ useful products ）		アヤが見たのは何の特別な展示かを考えて語句を入れます。
7（ to change ）		a tool 〜 が「かえるための道具」の意味になるようにします。
8（ trying to ）		現在進行形の文です。「助けようと努力している」という意味にします。

日本語訳

　そのペットボトルには溝があります。これらのおかげで，私たちはそれを簡単につかむことができます。会社は彼らの製品を向上させようと努力しています。彼らは彼らの客のことを考える必要があります。

　アフリカでは，水を運ぶためにつぼを使う女性たちもいて，それは彼女たちには困難です。多くの人が，彼女たちの重労働を減らすために何かをしようと努力しています。

　アヤは役立つ製品の特別な展示を見ました。彼女は汚れた水をきれいな水にかえるための道具を見つけました。彼女はまた，針での事故を止めるための道具を見つけました。彼女は，多くの科学者やデザイナーが開発途上国の人々を助けようと努力していることを学びました。

語句 Africa 名 アフリカ

Task
→教科書 p.38

■日本語訳を参考にしてみよう。

🎧 Ms. King と Kenta がユニバーサル・デザイン (universal design) について話しています。

✏️ 2人の会話を聞いて，わかったことを書こう。

(Ms. King が紹介したユニバーサル・デザインの例)

Ms. King showed Kenta _____.

(ユニバーサル・デザインの特徴)

Universal design _____ to understand and use.

日本語訳

キング先生はケンタに_____を見せました。

ユニバーサル・デザインは_____を理解し，使うのに［ことが］_____。

語句

understand [アンダスタンド] 動 ～を理解する

universal [ユニヴァーサル] 形 全世界の，万人に通じる

universal design [ユニヴァーサル／ディザイン]

すべての人が使いやすいように工夫された用具・建造物などのデザイン

Practice ✏️

■日本語訳を参考にしてみよう。

> *A:* What is your dream for the future?
> *B:* ❶ I want to be a doctor.　❷ I will study hard to be a good doctor.
> *A:* Do you study for many hours every day?
> *B:* Yes.　❸ I have no time to watch TV.

日本語訳

Ａ：将来に対するあなたの夢は何ですか。
Ｂ：❶私は医者になりたいです。❷私はよい医者になるために一生懸命に勉強するつもりで
　　す。
Ａ：あなたは毎日，何時間も勉強しますか。
Ｂ：はい。❸私はテレビを見る時間が（ぜんぜん）ありません。

1.　したいこと，なりたいものを述べるとき……❶　名詞的用法「～すること」

I **want to** visit Hokkaido.　　　　　　訳 私は北海道を訪れたいです。

I **want to** be a baseball player.　　　　訳 私は野球選手になりたいです。

I **need to** buy some milk.　　　　　　　訳 私は牛乳をいくらか買う必要があります。

Taro **tries to** study English every day.　訳 タロウは毎日英語を勉強しようと努力します。

2.　目的を述べるとき……❷　副詞的用法「～するために」

My mother went to the shop **to buy** some eggs.

　　訳 私の母は卵をいくつか買うためにその店に行きました。

I will study hard **to be** an English teacher.

　　訳 私は英語の先生になるために一生懸命に勉強するつもりです。

3.　「ものの用途，何をするためのものか」を述べるとき……❸　形容詞的用法「～するための…」

I have no time **to watch** TV today.

　　訳 私は今日，テレビを見る（ための）時間がありません。

I want something cold **to drink** .

　　訳 私は飲むための（何か）冷たいもの［冷たい飲みもの］がほしいです。

Project 1

➡教科書 pp.40－41

Goal あなたの夢を語ろう！

■日本語訳を参考にしてみよう。

1 Rena が将来の夢について，メモを見ながらスピーチをしています。ＡとＢのどちらを言っているのか，○で囲もう。

I want to work at a cake shop.　　訳 私はケーキ店で働きたいです。

理由1　A　I like to eat cake.　　訳 私はケーキを食べるのが好きです。
　　　　B　I like cooking.　　訳 私は料理が好きです。

理由2　A　I'm interested in making cake.　訳 私はケーキをつくることに興味があります。
　　　　B　My father has a cake shop.　訳 私の父はケーキ店を持っています。

努力すること　A　I'll read many books about cake.
　　　　　　　　　訳 私はケーキについての本をたくさん読むつもりです。
　　　　　　　B　I'll make cake every weekend.　訳 私は週末ごとにケーキをつくるつもりです。

2 あなたの将来の夢についてメモを取ろう。(Fumio の例)

つきたい職業・将来の夢：guitar player　　訳 ギタリスト

理由1：I like to play the guitar.　　訳 私はギターを弾くことが好きです。

理由2：I like to do something with other people.
　　　　　　　　訳 私はほかの人たちと何かをすることが好きです。

夢をかなえるために努力すること：I'm going to go to music school.
　　　　　　　　訳 私は音楽学校に行く予定です。

3 Fumio のスピーチ原稿を参考にして，あなたの原稿を書いてみよう。

❶Hello, everyone. ❷I'm going to talk about my dream.
❸I want to be a guitar player. ❹I'll tell you why.
❺First, I like to play the guitar. ❻I started to play the guitar when I was nine years old.
❼Second, I like to do something with other people. ❽I play music with Yuta, Miki, and Shota. ❾It is a lot of fun. ❿I'm going to go to music school to be a good guitar player.
⓫We want to play in Budokan in the future.
⓬Thank you for listening.

日本語訳

❶こんにちは，皆さん。❷ぼくは，ぼくの夢についてお話しするつもりです。❸ぼくはギタリストになりたいです。❹なぜかを皆さんにお話ししましょう。❺はじめに，ぼくはギターを弾くことが好きです。❻ぼくは９歳のときにギターを弾き始めました。❼次に，ぼくはほかの人たちと何かをすることが好きです。❽ぼくはユウタやミキやショウタといっしょに音楽を演奏します。❾それはとてもおもしろいです。❿ぼくはじょうずなギタリストになるために音楽学校に行く予定です。⓫ぼくたちは将来，武道館で演奏したいのです。⓬聞いてくれてありがとうございました。

Six Amazing Things about Penguins

ペンギンについての6つの驚くべきこと

皆さんはペンギンについてどれだけ知っていますか。読んで新しい事実を見つけてみよう。

➡教科書 p.42

❶ What is special about penguins? ❷ They are birds, but they cannot fly.
❸ They can swim about 32 kilometers per hour. ❹ Some penguins even live in very hot places.

❺ Nothing surprising? ❻ How about these?

❼ **1. Penguins have knees.**

❽ Penguins' legs look short, but they are actually long, and penguins do have knees. ❾ Their upper legs are under their feathers.

❿ **2. Penguin chicks are not waterproof.**

⓫ Penguin chicks must stay out of the water. ⓬ Their parents bring them food until they have waterproof feathers.

日本語訳

❶ペンギンの特徴は何でしょうか。❷彼らは鳥ですが,飛ぶことができません。❸彼らは1時間につき約32キロメートルを泳ぐことができます。❹中にはとても暑い場所で暮らすペンギンさえいます。

❺驚くことは何もないですか。❻(では)これらはどうでしょうか。

❼1.ペンギンにはひざがある。

❽ペンギンの脚は短く見えますが,それらは実際には長く,ペンギンにはなんと,ひざがあります。❾彼らの脚の上部は羽の下にあります。

❿2.ペンギンのひなは防水性ではない。

⓫ペンギンのひなは水の外にいなくてはなりません。⓬彼らの親は,彼らが防水性の羽を持つまで,彼らに食べものを持ってきます。

解説

❶「何がペンギンに関して特別でしょうか」→「ペンギンの特徴は何でしょうか」と考えます。

❸per hour の per は「〜につき」の意味です。「時速約32キロメートル」ということです。

❹Some penguins 〜 は「中には〜するペンギンもいます」と訳すと，自然な日本語になります。even は「〜さえ」という意味です。

❺〈nothing + 形容詞〉で「〜なものは何もない」の意味を表します。この文は，Is there nothing surprising about penguins? (ペンギンについて，驚くようなことは何もないでしょうか) を短く言ったものです。

❻these は this の複数形です。this や these を使って，「次のこと，以下に述べること」の意味を表すことができます。

❼knee は「ひざ」のことです。発音 [ニー] に注意しましょう。

❽Penguins' は，s で終わる複数形に「〜の」を表すアポストロフィ (') がついた形です。leg (脚) はふつう，太もものつけねから足首 (または足先) までをさす語です。足首から先の部分は foot といいます。〈look + 形容詞〉は「〜 (のよう) に見える」，actually は「実際は」の意味です。do have 〜 の do は「強調の do」です。動詞の前につけて動詞の意味を強調します。

❾upper legs は「上の (方の) 脚，上腿(じょうたい)」です。

❿waterproof は「防水加工した」→「防水性の，水を通さない」の意味の形容詞です。

⓫「(防水性ではないので) ペンギンのひなは〜」と続きます。stay out of 〜 は「〜の外にいる」の意味です。

⓬their (彼らの) は「ひなの」ということです。bring them food は「彼らに食べものを持ってくる」で，bring food to them と言いかえられます。until 〜 は「〜まで」を表します。

📖 Words & Phrases

□ **per** [パー]　　　　　　前 〜につき
□ **nothing** [ナスィング]　代 何も〜ない
□ surprising [サプライズィング] 形 驚くべき
□ **actually** [アクチュアリ] 副 実際は，実は
□ **upper** [アパ]　　　　　形 上の (方の)

□ feather(s) [フェザ(ズ)]　名 羽
□ chick(s) [チク(ス)]　　　名 ひな
□ waterproof [ウォタプルーフ] 形 防水性の
□ stay out of 〜　　　　　〜の外にいる
□ **until** [アンティル]　　　接 〜まで

📖 Question

How fast can penguins swim?

訳 ペンギンはどれくらい速く泳ぐことができますか。

ヒント ❸の文に答えが書かれています。They を主語にして答えましょう。

解答例 They can swim about 32 kilometers per hour.
（彼らは1時間につき約32キロメートルを泳ぐことができます）

➡教科書 p.43

❶3. Penguins fast.

❷Penguins fast while their feathers change every year. ❸When their new waterproof feathers are just growing in, they cannot go into the water to get food. ❹They fast for two to five weeks.

❺4. There were once giant penguins.

❻Most penguins are about two feet tall. ❼Some emperor penguins are about three feet tall. ❽Yet, once there were five-foot-tall penguins. ❾They were almost our size!

日本語訳

❶3．ペンギンは絶食する。

❷ペンギンは毎年，羽がかわる間は絶食します。❸ちょうど新しい防水性の羽が生えているとき，彼らは食べものを得るために水にもぐることができません。❹彼らは2週間から5週間，絶食します。

❺4．かつて巨大(きょだい)なペンギンがいた。

❻たいていのペンギンは約2フィートの背丈(せたけ)です。❼コウテイペンギンの中には約3フィートの背丈のものもいます。❽けれども，かつては5フィートの背丈のペンギンがいました。❾彼らはほとんど私たちの大きさでした。

解 説

❶fast は「絶食する」の意味の動詞です。breakfast（朝食）は，〈break（～を破る）＋ fast（絶食）〉から生まれた語です。夜寝ている間は「絶食中」だからです。

❷while ～ は「～する間に」の意味で，あとに〈主語＋動詞〉が続きます。

❸are just growing in は現在進行形で，「ちょうど生えているとき，生えている最中」の意味です。to get ～ は「～を得るために」と目的を表します。

❹for two to five weeks で「2週間から5週間の間」の意味を表します。これは，防水性の羽が生えそろうまでの期間です。

❺once は「かつて，以前」という意味です。swam は swim の過去形です。

❻most は「たいていの」という意味です。two feet tall（2フィートの高さ）は，ここでは背丈を表しています。feet は foot の複数形で，two feet は約61センチです。

❼「コウテイペンギンの中には〜なものもいる」などと訳すと自然な日本語になります。

❽文の最初に yet を置くと,「けれども」などの意味になります。five-foot-tall は「5フィートの背丈の」という形容詞です。このように2〜3語をハイフンでつないで1つの形容詞として使うときは,数のあとの名詞を単数形のままにします(-feet- としない)。

参考 a five-year-old boy「5歳の少年」(-years- としない)

❾They は,かつていた five-foot-tall penguins をさします。almost our size(ほとんど私たちの大きさ)は「ほとんど私たち人間と同じ大きさ」ということです。

📖 Words & Phrases

☐ fast［ファスト］　　　　　　動 絶食する
☐ **while**［ホワイル］　　　　接 〜する間に
☐ grow in　　　　　　　　(なくなった毛にかわって新しい毛が)生える
☐ **once**［ワンス］　　　　　副 かつて
☐ **giant**［ヂャイアント］　　形 巨大な
▶ **feet** ＜ **foot**　　　　　名 foot(足,［長さの単位］フィート)の複数形
　　　　　　　　　　　　　　　1フィートは約30.48cm
☐ emperor penguin(s)［エンペラ／ペングウィン(ズ)］　名 コウテイペンギン
▶ **yet**　　　　　　　　　　接 けれども
　 five-foot-tall　　　　　　5フィートの高さの
☐ **almost**［オールモウスト］　副 ほとんど,もう少しで
☐ **size**［サイズ］　　　　　名 大きさ

📖 Question

How long do penguins fast?

訳 ペンギンはどれくらいの間絶食しますか。

ヒント ❹の文を見て答えましょう。

解答例 They fast for two to five weeks.
　　　　(彼らは2週間から5週間,絶食します)

➡教科書 p.44

❶5. **Ancient penguins had red and gray feathers.**

❷Sometimes scientists can figure out the color of ancient penguin feathers. ❸They think that one kind had different colors, not black and white.

❹6. **Male emperor penguins fast to protect their eggs.**

❺Some kinds of penguins fast for their families. ❻For example, male emperor penguins fast to warm their eggs and protect them. ❼Their fasting can last for 90 to 120 days!

日本語訳

❶5．古代ペンギンは赤と灰色の羽をしていた。

❷科学者たちが古代ペンギンの羽の色を解き明かすこともあります。❸彼らは，ある一種は黒と白ではなく，別の色（の組み合わせ）をしていたと考えています。

❹6．オスのコウテイペンギンは卵を守るために絶食する。

❺いくつかの種のペンギンは彼らの家族のために絶食します。❻たとえば，オスのコウテイペンギンは，彼らの卵を温めて守るために絶食します。❼彼らの断食（だんじき）は90日から120日の間続くこともあるのです。

解　説

❶ancient は「古代の」の意味の形容詞です。発音に注意しましょう。

❷sometimes は「ときどき」ですが，文全体を「時に～する」「～するとき［こと］もある」と訳すと，自然な日本語になります。can は，この文では「～できる」という能力ではなく，「～することもある」という可能性と考えるのがよいでしょう。figure out ～ は「～を解き明かす」，the color of ancient penguin feathers は「古代ペンギンの羽の色」ということです。

❸They は scientists（科学者たち）をさします。think that ～ は「～と考える」で，この that は省略できます。one kind は「古代ペンギンのある種類」をさします。そして，そのペンギンの羽は「黒と白の組み合わせではなく，別の色の組み合わせだった」ということです。

❹male は「（動物の）オス（の）」の意味です。「メス（の）」は female といいます。to protect は「守るために」と目的を表しています。

❺「ペンギンの中には～する種類もいます」と訳すこともできます。

❻家族のために絶食する例をあげています。to warm と (to) protect は，「～するために」と目的を表します。「～して…するために」と訳すとよいでしょう。them は their eggs をさします。

❼fasting は fast の -ing 形で，「絶食すること」→「絶食，断食」を表します。この文の can も可能性を表し，「～することもある」という意味です。last は「続く」という動詞で，last for

90 to 120 days で「90日から120日間続く」の意味を表します。

✏ Words & Phrases

☐ ancient［エインシェント］ 形 古代の
☐ gray［グレイ］ 形 灰色の
☐ figure［フィギャ］ 動 〜と考える
☐ figure out 〜 〜を解き明かす

☐ male［メイル］ 形 (動物の)オスの，男の
☐ protect［プロテクト］ 動 〜を守る
☐ fasting［ファスティング］ 名 断食
for 90 to 120 days 90日から120日の間

📖 Question

Why do male emperor penguins fast?

訳 オスのコウテイペンギンはなぜ絶食するのですか。

ヒント 6. の見出しに，to 〜（〜するために）と書かれています。

解答例 To protect their eggs.（彼らの卵を守るためです）／ Because they have to warm their eggs and protect them.（彼らは彼らの卵を温めて守らなければならないからです）

Comprehension Check

次の文のうち正しいものには○を，間違っているものには×を，（　　）の中に書き入れよう。

(1) Penguins' legs are not short. （　　）
(2) Penguin chicks can swim very well in the water. （　　）
(3) Penguins don't eat food when their feathers are changing. （　　）
(4) Some emperor penguins are about five feet tall. （　　）
(5) One kind of ancient penguins had different colors from today's penguins. （　　）
(6) Mother emperor penguins fast to protect their eggs. （　　）

日本語訳と解答

(1) ペンギンの脚は短くない。➡教科書 p.42，6〜7行目 （ ○ ）
(2) ペンギンのひなは，水中をとてもじょうずに泳ぐことができる。
　　➡教科書 p.42，12行目 （ × ）
(3) ペンギンは羽が生えかわっているとき，食べものを食べない。
　　➡教科書 p.43，2行目 （ ○ ）
(4) コウテイペンギンの中には約5フィートの背丈のものもいる。
　　➡教科書 p.43，7〜8行目 （ × ）
(5) ある種の古代ペンギンは現代のペンギンと異なる色をしていた。
　　➡教科書 p.44，3〜4行目 （ ○ ）
(6) 母親のコウテイペンギンは卵を守るために絶食する。➡教科書 p.44，8〜9行目 （ × ）

Talk about your workplace experience!
あなたの職場体験について話しましょう。

Where did you have your workplace experience?
あなたはどこであなたの職場体験をしましたか。

□ workplace ［ワークプレイス］ 名 仕事場

□ **experience** ［イクスピアリエンス］ 名 経験，体験

➡教科書 pp.46−47

Part 1

Goal 楽しんだことや好きなことなどを伝えよう。
アヤとキング先生が，職場体験について話しています。

Ms. King: ❶Did you finish writing your report about your workplace experience, Aya?

Aya: ❷Yes. ❸I finished it last evening.

Ms. King: ❹Where did you have your experience?

Aya: ❺At a bookstore. ❻I really enjoyed working there and I learned a lot through working in a real store.

Ms. King: ❼Do you want to be a shopkeeper in the future?

Aya: ❽I'm not sure. ❾I like talking in English very much. ❿I'd like to use English in my future job.

Ms. King: ⓫I hope your dream comes true. ⓬Go for it, Aya.

🔵 日本語訳

キング先生：❶あなたは職場体験についてのレポートを書き終えましたか，アヤ？

アヤ：❷はい。❸昨晩それを終えました。

キング先生：❹あなたはどこで体験しましたか？

アヤ：❺書店です。❻私はそこで働くことを本当に楽しみ，実際の店で働くことを通じて，いろんなことを学びました。

キング先生：❼あなたは将来，店主になりたいのですか？

アヤ：❽まだはっきり決めていません。❾私は英語で話すことが大好きです。❿将来の仕事では，英語を使いたいです。

キング先生：⓫あなたの夢が実現するといいですね。⓬がんばってね，アヤ。

🔵 解説

❶〈finish ＋ 動詞の -ing 形〉で「〜することを終える」の意味を表します。「〜すること」を表

す動詞の -ing 形を動名詞といいます。

❸it は writing my report about my workplace experience（私の職場体験についてのレポートを書くこと）をさします。

❹場所をたずねる文です。「体験をする」というとき，動詞には have を使います。

❺これは，I had my experience at a bookstore.（私は書店で体験しました）を短く言ったものです。

❻〈enjoy + 動詞の -ing 形〉で「〜することを楽しむ」の意味を表します。enjoyed working は「働くことを楽しんだ」とも「楽しく働いた」とも訳すことができます。a lot は「多くのこと」，through working は「働くことを通じて」，a real store（実在する店）は「（ネット上の店などではなく）実際の店」という意味です。

❼want to be 〜 は「〜になりたい」という意味です。

❽I'm not sure. は「確かではありません」→「まだはっきり決めていません」と考えます。

❾〈like + 動詞の -ing 形〉で「〜することが好きだ」の意味を表します。in English は「英語で」ということです。

❿I'd は I would の短縮形です。I'd like to 〜 で「〜したい」という意味を表します。I want to 〜 よりもていねいな言い方です。

⓫I hope (that) 〜 . は「〜であることを望む」→「〜だといいですね」と考えます。come true は「本当［真実］になる」→「実現する」ということです。

Words & Phrases

□ **report**［ゥリポート］ 名報告書，レポート
□ **real**［ゥリーアル］ 形実在する
□ **store**［ストー］ 名店
□ shopkeeper［シャプキーパ］ 名店主
　in the future 将来（は）
□ I'd like to 〜 〜したい
　Go for it. がんばって。

Question

Did Aya learn a lot through her workplace experience?

訳 アヤは職場体験を通じて多くのことを学びましたか。

ヒント アヤは❻の文の後半で，I learned a lot と言っています。

解答例 Yes, she did.（はい，学びました）

🔑 Key Sentences

I enjoyed **working** at a bookstore.　私は書店で働くことを楽しみました。

I like **listening** to music.　　　　　私は音楽を聞くことが好きです。

▶動詞の -ing 形は進行形をつくるほかに，「〜すること」の意味も表します。この意味を表す動詞の -ing 形を「動名詞」といいます。

▶ finish -ing は「〜することを終える」，like -ing は「〜することが好きだ」，enjoy -ing は「〜することを楽しむ」という意味です。

🧊 Tool Kit

I <u>like</u> <u>listening</u> to music.

訳 私は音楽を聞くことが好きです。

例 like /
listen to music

❶ like /play basketball

❷ enjoy /
paint pictures

❸ finished /
read a book

paint　〜を(絵の具で)描く

❶　I like playing basketball.

　　訳 私はバスケットボールをすることが好きです。

❷　I enjoy painting pictures.

　　訳 私は絵を描くことを楽しみます。

❸　I finished reading a book.

　　訳 私は本を読み終えました。

語句

paint［ペイント］　動 〜を(絵の具で)描く

74

🎧 Listen

Listen 自由な時間の過ごし方について，Miyu が Mr.Smith（スミス先生）や友達にたずねています。それぞれの人物がすることを表す絵を選んで，（　）に記号を書こう。

Mr. Smith （　　） 　 Dan （　　　） 　 Sho （　　　）

▶動詞の -ing 形に注意しましょう。人の名前とキーワードを結びつけながら，正しく聞き取りましょう。

🧠 Think & Try!

次の会話を演じてみよう。最後に自由にやりとりを加えよう。

A: Where did you have your workplace experience?

B: At a bookstore. I learned a lot through working in a real store.

例 What did you learn?
　― Communication is important, for example.

日本語訳

A：あなたはどこで職場体験をしましたか？

B：書店です。私は実際の店で働くことを通じて，多くのことを学びました。

例　あなたは何を学びましたか？

　― たとえば，コミュニケーションは大切です（ということです）。

語句 communication［カミューニ**ケイ**ション］　名コミュニケーション

🔊 音のつながり

I'd‿like‿to use English in my future job.

［**アイ**ドゥ**ライ**クトゥ　**ユー**ズ　**イ**ングリッシュ　イン　**マイ**　**フュー**チャ　**ヂャ**ブ］

（将来の仕事では，英語を使いたいです）

Part 2

Goal 職場体験について伝えよう。

アヤとボブが，職場体験について話しています。

Bob: ❶ How did you like your workplace experience?

Aya: ❷ I really enjoyed it, but some things were hard. ❸ For example, wrapping a book in a paper jacket was difficult at first.

Bob: ❹ Did you get any help?

Aya: ❺ The shopkeeper helped me. ❻ Now I'm good at wrapping books. ❼ How about your experience?

Bob: ❽ I went to a nursery school and took care of children. ❾ I took them out for a walk in the morning.

Aya: ❿ Walking with kids sounds like fun!

Bob: ⓫ Yes, but taking care of children requires a lot of energy.

日本語訳

ボブ：❶きみの職場体験はどうだった？

アヤ：❷本当にそれを楽しんだけど，困難なこともあったわ。❸たとえば，紙のカバーで本を包むのは，最初は難しかった。

ボブ：❹助けてもらえたの？

アヤ：❺お店のご主人が助けてくれたの。❻今では，私は本を包むのがじょうずよ。❼あなたの体験はどうだった？

ボブ：❽ぼくは保育園に行って，子どもたちの世話をしたよ。❾午前中に彼ら（かれ）を散歩のため外に連れ出したんだ。

アヤ：❿子どもたちと散歩するのっておもしろそう！

ボブ：⓫うん，でも子どもたちの世話をするには，すごくエネルギーが必要なんだ。

解 説

❶How did you like ～？は，「～はどうでしたか」と感想をたずねる表現です。

❷it は my workplace experience（私の職場体験）をさします。some things were hard（いくつかのことは困難だった）は「困難なこともいくつかあった」ということです。

❸wrapping は wrap（～を包む）の -ing 形です。wrapping a book で「本を包むこと」の意味

になります。このように，動詞の -ing 形（動名詞）は主語としても使えますが，3人称単数の扱いなので，動詞は was になっています。wrap ～ in a paper jacket は「紙のカバーで～を包む」で，jacket は日本でいう「カバー」のことです。英語の cover は「本の表紙」をさします。at first は「最初は」という意味です。

❹「あなたは何か助けをもらいましたか」→「助けてもらえましたか」と考えます。

❻Now は「今では」，〈be 動詞 + good at -ing〉は「～することがじょうず［得意］だ」の意味です。

❽took は take の過去形です。took care of ～ で「～の世話をした」という意味になります。

❾took ～ out は「～を外に連れ出した」，for a walk は「散歩のために」ということです。

❿Walking with kids「子どもたちと歩く［散歩する］こと」は，3人称単数の主語なので，動詞 sound に s がついています。sound like fun は「おもしろいことのように聞こえる」→「おもしろそうだ」ということで，この fun は名詞です。sound like fun は sound funny（おもしろそうだ）とほぼ同じ意味です。

⓫taking care of children で「子どもたちの世話をすること」の意味を表します。require は「～を必要とする」の意味の動詞です。文全体を「～するには…が必要だ」と訳すと，自然な日本語になります。

📖 Words & Phrases

□ wrap(ping) ［ゥラプ(ゥラピング)］	動 ～を包む
□ **paper** ［ペイパ］	名 紙
▶ jacket	名 (本の)カバー，上着，ジャケット
□ at first	最初は
□ nursery ［ナーサリ］	名 保育園
nursery school	保育園
□ **care** ［ケア］	名 世話
□ take care of ～	～の面倒を見る，～の世話をする
□ **children** < child ［チルドレン＜チャイルド］	名 child (子ども)の複数形
□ require(s) ［ゥリクワイア(ズ)］	動 ～を必要とする

📖 Question

Where did Bob have his workplace experience?

訳 ボブはどこで彼の職場体験をしましたか。

ヒント アヤの❼の質問に対してボブは❽の文で「保育園に行った」と答えています。He had it ～ . の形で答えましょう。

解答例 He had it at a nursery school.（彼は保育園でそれをしました）／
At a nursery school.（保育園でです）

🔑 Key Sentence

Playing tennis is a lot of fun.　テニスをすることはとてもおもしろい。

▶ Playing tennis（テニスをすること）が文の主語になっています。この playing は「〜すること」を表す動名詞で3人称単数の扱いです。

📦 Tool Kit

<u>**Walking with kids**</u> is <u>**a lot of fun**</u>.

訳 子どもたちと散歩することはとてもおもしろい。

例 walk with kids / a lot of fun

❶ visit many countries / exciting

❷ have breakfast every day / good for our health
　　health　健康

❸ help each other / important

❶ Visiting many countries is exciting.

訳 多くの国を訪れることはわくわくします。

❷ Having breakfast every day is good for our health.

訳 毎日朝食を食べることは私たちの健康にとってよいです。

❸ Helping each other is important.

訳 お互いを助ける［助け合う］ことは大切です。

語句

good for 〜	〜にとってよい，〜に適した
health［ヘルス］	名 健康
each other	お互いに
important［インポータント］	形 重要な，大切な

🎧 Listen

Listen　英語を聞いて，内容に合う絵をそれぞれ選び，記号を〇で囲もう。

(1)　Ⓐ　Ⓑ

(2)　Ⓐ　Ⓑ

(3)　Ⓐ　Ⓑ

▶ 動詞の -ing 形を含む主語に注意しましょう。キーワードを聞き取って，それをもとに絵を選びましょう。

💭 Think & Try!

ボブになりきって，職場体験に行った日の日記を書いてみよう。

例　Today, I had my workplace experience at a nursery school.

日本語訳

例　今日，ぼくは保育園で職場体験をしました。

Practice ✏️

Part 3

Goal 職場体験で学んだことを伝えよう。

アヤが，職場体験で知ったことや感じたことを英語で書きました。

❶I had a workplace experience at a bookstore. ❷Ms. Aoki, the shopkeeper, helped me a lot. ❸I brought a lot of books and magazines from the stockroom and placed them on the shelves. ❹It was tough work, but I enjoyed talking with the customers.

日本語訳

❶私は書店で職場体験をしました。❷店主の青木さんは私をいろいろ助けてくれました。❸私は商品倉庫から本や雑誌をたくさん持ってきて，それらを棚に置きました。❹それはきつい仕事でしたが，私はお客さんとのおしゃべりを楽しみました。

解 説

❷コンマではさまれている the shopkeeper は Ms. Aoki の補足説明です。「店主の青木さん」ということです。

❸2つの文がandで結ばれています。and placed は and（Ｉ）placed ということです。brought は bring（～を持ってくる）の過去形，placed は place（～を置く）の過去形です。them（それらを）は a lot of books and magazines（多くの本と雑誌）をさします。bring ～ from ...（～を…から持ってくる），place ～ on ...（～を…の上に置く）という言い方を覚えておきましょう。なお，shelves は shelf（棚）の複数形です。

❹It は，アヤが❸で述べた仕事をさします。tough（つらい，きつい）は very hard とほぼ同じ意味を表します。enjoyed talking with ～ は「～と話す［しゃべる］ことを楽しんだ」「～と楽しく話した［おしゃべりした］」ということで，この talking は動名詞です。

Words & Phrases

☐ **magazine(s)** ［マガズィーン(ズ)，マガズィーン(ズ)］　名 雑誌
☐ stockroom ［スタクルーム］　名 商品倉庫
▶ **place(d)**　動 〜を置く
☐ shelves ＜ shelf ［シェルヴズ ＜ シェルフ］　名 shelf(棚)の複数形
☐ tough ［タフ］　形 つらい，きつい

Key Sentences

❶ Kenta's mother **told me that Kenta was sick in bed**.
ケンタの母は私に，ケンタは病気で寝ていると伝えました。

❷ Father **taught me that getting up early is important**.
父は私に，早く起きることが大切だと教えました。

▶〈tell [teach] ＋人 ＋ that 〜〉で「(人)に〜ということを伝える[教える]」という意味を表します。told は tell の過去形，taught は teach の過去形です。
▶❶の that 以下に was という過去形が使われているのは，ケンタの母が私に伝えたとき(過去)ケンタは病気だったからです。ただし，日本語に直すときは「ケンタは病気で寝ていたと伝えました」ではなく「ケンタは病気で寝ていると伝えました」のようにします。
▶❷の getting up early は「早く起きること」の意味で，この getting は動名詞です。過去の文なのに is と現在形が使われているのは，現在でも「早く起きることが大切」だからです。

Listen

Listen　Mr. Yamada と Ms. White の会話を聞いて，内容に合うものをすべて選び，〇で囲もう。
話題　(部活動 ／ 職場体験 ／ 授業)
大切なこと　(早起き ／ 大きな声でのあいさつ ／ 勉強 ／ コミュニケーション)

▶会話を聞く前に，(　　)内の選択肢を見ておくとよいでしょう。具体的な内容に注意して聞くようにしましょう。

🔊 音のつながり
There used to be five bookstores in this town.
［ゼア　ユーストゥ　ビー　ファイヴ　ブクストーズ　イン　ズィス　タウン］
(この町には昔，書店が5つありました)

❶Ms. Aoki told me that there used to be five bookstores in this town. ❷She also showed me a graph. ❸She taught me that the number of bookstores in Japan is decreasing. ❹I was surprised at the speed of decrease.

❺I know many people buy books online. ❻Even so, I think bookstores are still necessary. ❼Looking at books on the shelves and choosing one is fun for me.

日本語訳

❶青木さんは私に，この町には昔，書店が5つあったと言いました。❷彼女はまた，私にグラフを見せました。❸彼女は私に，日本の書店の数は減っていると教えてくれました。❹私はその減少の速さに驚きました。

❺私は多くの人がオンラインで本を買うことを知っています。❻たとえそうでも，私は，書店はまだ必要だと思います。❼棚の上の本を見て本を選ぶことは，私にとっておもしろいことです。

解 説

❶told は tell の過去形です。〈told + 人 + that ～〉で「(人)に～ということを伝えた[言った]」という意味になります。〈used to + 動詞の原形〉は「昔はよく～したものだ」(動作)，「昔は～だった」(状態)を表し，there used to be ～ は「(今はないが)昔は～があったものだ」ということです。

参考 My mother used to play the piano. 「母は昔，よくピアノを弾いたものでした。」

❷〈show + 人 + もの〉は「(人)に(もの)を見せる」という意味です。この文は，She also showed a graph to me. と書きかえることができます。

❸taught は teach の過去形です。〈taught + 人 + that ～〉で「(人)に～ということを教えた」という意味になります。the number of ～ は「～の数」で，the number は単数として扱います(それで動詞が is になっています)。is decreasing は現在進行形で「減っている」ということです。

❹be surprised at ～ は「～に驚く」，the speed of decrease は「減少の速さ」です。decrease という単語が，❸では動詞，❹では名詞として使われています。

❺I know (that) ～ . は「私は～ということを知っている」という意味で，that が省略されています。buy ～ online は「オンラインで[インターネットを通じて]～を買う」という意味です。

❻Even so (たとえそうでも) は，「たとえ多くの人がオンラインで本を買っても」ということです。I think (that) ～ . は「私は～だと思う」という意味で，that が省略されています。

❼主語は Looking at books on the shelves and choosing one（棚の上の本を見て本を選ぶこと）です。one は a book の代わりに使われています。

📖 Words & Phrases

□ used ［ユースト］　　　　　動 ［used to 〜で］かつて〜だった，よく〜したものだ
　 there used to be 〜　　　昔〜があった
□ taught ＜ teach ［トート ＜ ティーチ］　　動 teach（〜を教える）の過去形
□ **number** ［ナンバ］　　　　名 数，数字
□ decreasing ＜ decrease ［ディークリースィング ＜ ディークリース］　　動 decrease（減る）
□ be surprised at 〜　　　　〜に驚いて
□ **speed** ［スピード］　　　　名 速さ
□ online ［オンライン］　　　　副 オンラインで
　 even so　　　　　　　　　たとえそうでも
□ **still** ［スティル］　　　　　副 まだ，依然として
□ **necessary** ［ネセセリ］　　形 必要な

📖 Question

What did Ms. Aoki tell Aya?

訳 青木さんはアヤに何を伝えましたか。

ヒント ❶の文の told me that 〜は「私に〜ということを伝えた」という意味で，「〜」の部分が伝えた内容です。she を主語にして答えましょう。

解答例 She told Aya that there used to be five bookstores in this town.（彼女はアヤに，この町には昔，書店が5つあったと伝えました）

Think & Try!

アヤと青木さんのやりとりをスキットにして，演じてみよう。

　例 *Ms. Aoki:* There used to be five bookstores in this town.
　　　　Aya: Oh, really?

日本語訳

例　青木さん：この町には昔，書店が5つありました。
　　　アヤ：ああ，本当ですか？

📖 本の内容に合うように，（　　　）内に適切な語を書こう。

Aya ¹(　　　)(　　　　) her report about her workplace experience. She enjoyed working at a bookstore and learned a lot ²(　　　)(　　　) in a real store. For example, she became good ³(　　　)(　　　) books. She ⁴(　　　)(　　　　) with the customers. She found that the ⁵(　　　) (　　　) bookstores in Japan is decreasing. Many people buy books online. Even so, she thinks bookstores are still necessary because looking at books on the shelves and ⁶(　　　)(　　　) is fun.

Bob went to a nursery school and took care of children. ⁷(　　　)(　　　) kids sounds like fun, but ⁸(　　　)(　　　　) of them requires a lot of energy.

解答と解説

1 (finished writing)　「～することを終える」は finish -ing で表します。
2 (through working)　「(～で)働くことを通じて(多くのことを学んだ)」となります。
3 (at wrapping)　became good at -ing は「～することがじょうず [得意] になった」ということです。
4 (enjoyed talking)　「～することを楽しむ」は enjoy -ing で表します。
5 (number of)　「(日本の書店)の数」の意味になります。
6 (choosing one)　「1冊の本を選ぶこと」の意味になります。
7 (Walking with)　「(子どもたち)と歩く [散歩する] こと」の意味になります。
8 (taking care)　「(彼らの)世話をすること」の意味になります。

▶1, 2, 3, 4, 6, 7, 8の動詞の -ing 形は，すべて「～すること」を表す動名詞です。動名詞は，finish や enjoy に続くだけでなく，前置詞に続いたり (2, 3)，主語になったり (6, 7, 8) します。

日本語訳

　アヤは彼女の職場体験についてのレポートを書き終えました。彼女は書店で働くことを楽しみ，実際の店で働くことを通じて多くのことを学びました。たとえば，彼女は本を包むことがじょうずになりました。彼女は客と話すことを楽しみました。彼女は，日本の書店の数が減っていることがわかりました。多くの人がオンラインで本を買います。たとえそうでも，棚の上の本を見て本を選ぶことはおもしろいことなので，彼女は，書店はまだ必要だと思っています。

　ボブは保育園に行って，子どもたちの世話をしました。子どもたちと散歩することはおもしろそうですが，彼らの世話をすることは多くのエネルギーを必要とします。

Task
➡教科書 p.52

■日本語訳を参考にしてみよう。

　Kenta と Mei が職場体験について話しています。2人の会話を聞いて、内容をまとめて発表しよう。

(Kenta が職場体験をした場所)
Kenta ＿＿＿＿＿＿＿＿＿＿＿＿＿＿＿＿＿＿＿＿＿＿＿＿＿＿＿.

(Kenta がした仕事)
He ＿＿＿＿＿＿＿＿＿＿＿＿＿＿＿＿＿＿＿＿＿＿＿＿＿＿＿.

(Mei が職場体験をしたい場所)
Mei wants ＿＿＿＿＿＿＿＿＿＿＿＿＿＿＿＿＿＿＿＿＿＿.

(その理由)
Because ＿＿＿＿＿＿＿＿＿＿＿＿＿＿＿＿＿＿＿＿＿＿.

日本語訳

ケンタは＿＿＿＿＿＿＿＿＿＿＿＿＿＿＿＿＿＿＿＿＿。
彼は＿＿＿＿＿＿＿＿＿＿＿＿＿＿＿＿＿＿＿＿＿＿＿。
メイは＿＿＿＿＿＿＿＿＿＿＿＿＿＿＿＿たいと思っています。
なぜなら＿＿＿＿＿＿＿＿＿＿＿＿＿＿＿からです。

■日本語訳を参考にしてみよう。

A: You like tennis, right? ❶ Do you like playing tennis or watching tennis?
B: ❷ I like playing tennis. ❸ Playing tennis is a lot of fun.

日本語訳

A：あなたはテニスが好きですよね。❶あなたはテニスをすることが好きですか，それとも
　　テニスを見ることですか。
B：❷私はテニスをすることが好きです。❸テニスをすることはとてもおもしろいです。

A: When will Taro come?
B: ❹ He told me that he would be late.

日本語訳

A：タロウはいつ来るでしょうか。
B：❹彼は私に，遅れるだろうと言いました。

▶❹ = He said to me, "I will be late."（彼は私に「ぼくは遅れます」と言いました）
would は will の過去形です。

1.「～することを終える・楽しむ・好む」などを伝えるとき……… ❶，❷

I finished **reading this book** yesterday.

　　訳 私は昨日，この本を読むことを終えました［読み終えました］。

My brother likes **playing video games** .

　　訳 私の兄［弟］はテレビ・ゲームをすることが好きです。

2.「～すること」を主語にして述べるとき……… ❸

Playing tennis is a lot of fun. 　　訳 テニスをすることはとてもおもしろい。
Swimming in this river is dangerous. 　　訳 この川で泳ぐことは危険です。

3.「だれがだれにどんなことを教えたか・伝えたか」などを述べるとき……… ❹

My mother **taught** me **that** being kind to others is important.

　　訳 母は私に，他人に親切にすることは大切だと教えました。

Kenta **told** me **that** he was going to visit Kyoto.

= Kenta said to me, "I am going to visit Kyoto."

　　訳 ケンタは私に，京都を訪れる予定だと伝え［言い］ました。

語句 dangerous［ディンヂャラス］形 危険な

Tips ❸ for Writing

➡教科書 p.54

Goal マッピング図を描いて，まとまった文章を書いてみよう。

■日本語訳を参考にしてみよう。

> My Town
>
> **I live in Minami-machi.** It is not a big town, but there are some interesting places.
>
> One of the interesting places is Lake Minami. It has a lot of fish, so I sometimes go fishing there with my family. There is a big festival at Lake Minami every summer. We can see beautiful fireworks and eat delicious food. It is really fun.
>
> We have a very old temple in the center of Minami-machi. It is about 300 years old.
>
> 〜の中央に

日本語訳

私の町

　私はみなみ町に住んでいます。それは大きな町ではありませんが，おもしろい場所がいくつかあります。

　おもしろい場所の１つはみなみ湖です。そこには魚がたくさんいるので，私はときどき家族といっしょにそこにつりに行きます。毎年夏に，みなみ湖で大きな祭りがあります。私たちは美しい花火を見たり，おいしい食べものを食べたりすることができます。それは本当におもしろいです。

　みなみ町の中央に，とても古いお寺があります。それは約300年の古さです［建てられてから約300年経ちます］。

解説

▶「〜がある」は，〈There is ＋ 単数名詞 〜 .〉または〈There are ＋ 複数名詞 〜 .〉で表します。これらの文は have ［has］を使って言いかえられることがあります。

There is a park in my town. ＝ My town has a park.

（私の町には公園が１つあります）

▶〈one of the ＋ 複数名詞〉は「〜の１つ」という意味です。

Lesson 5 How to Celebrate Halloween ハロウィーンの祝い方

Talk about festivals in different cultures!
異なる文化での祭りについて話しましょう。

Do you celebrate Halloween?
あなたはハロウィーンを祝いますか。

- ☐ **celebrate** ［セリブレイト］ 動 〜を祝う
- ☐ **Halloween** ［ハロウイーン］ 名 ハロウィーン
- ☐ **culture** ［カルチャー］ 名 文化

➡教科書 pp.56－57

Part 1 Goal ジャック・オ・ランタンのつくり方を伝えよう。
ボブがアヤに，ジャック・オ・ランタンのつくり方を教えています。

Aya: ❶ That's a big pumpkin, Bob. ❷ Is that for Halloween?

Bob: ❸ Of course! ❹ Do you know how to make a jack-o'-lantern?

Aya: ❺ Not really. ❻ Can you show me how?

Bob: ❼ Sure. ❽ First, cut a hole on top, and take out the seeds and pulp.

Aya: ❾ How do you carve the face?

Bob: ❿ It's easy. ⓫ First you draw the face, and then cut out each part.

Aya: ⓬ I see. ⓭ Now I know what to do next. ⓮ Place a candle inside the pumpkin!

Bob: ⓯ Right. ⓰ Lastly, put the top back on. ⓱ Got it?

Aya: ⓲ Got it!

日本語訳

アヤ：❶あれは大きなカボチャね，ボブ。❷あれはハロウィーンのためのもの？

ボブ：❸もちろん！　❹きみはジャック・オ・ランタンのつくり方を知っている？

アヤ：❺よく知らないわ。❻私にやり方を教えてくれる？

ボブ：❼もちろんだよ。❽最初に，てっぺんに穴を切って［あけて］，種と果肉を取り出すんだ。

アヤ：❾どうやって顔を刻むの？

ボブ：❿それは簡単。⓫まず顔を描いて，それからそれぞれの部分を切り取るんだ。

アヤ：⓬そうなのね。⓭それで，次に何をすればいいのかわかったわ。⓮カボチャの内側にろうそくを置くのね！

ボブ：⓯そのとおり。⓰最後に，てっぺんを元に戻すんだ。⓱わかった？

アヤ：⓲わかった！

解説

❹〈how to + 動詞の原形〉で「どのように〜するか，〜の仕方」の意味を表します。ボブが知りたいことは，アヤが「ジャック・オ・ランタンのつくり方」を知っているかどうかです。

❺Not really. は，I don't really know how to make a jack-o'-lantern.（私はジャック・オ・ランタンのつくり方を本当には知らない［よく知らない］）を短く言ったものです。

❻Can you 〜?は「〜してくれる？」と依頼する表現です。how は how to make a jack-o'-lantern を1語で言ったものですが，「やり方，方法」と訳してもかまいません。

❽cut 〜 は「〜を切りなさい」，take out 〜 は「〜を取り出しなさい」と指示する文です。

❾How 〜?は方法をたずねる文です。

❿It's 〜 . は Carving the face is 〜 .（顔を刻むことは〜だ）と言いかえられます。

⓫each part（それぞれの部分）は，目や鼻や口をさしています。

⓭〈what to + 動詞の原形〉で「何を〜すべきか，すべきこと」の意味を表します。

⓮「次にすべきこと」の説明です。place 〜 inside ... は「…の内側に〜を置く」ということです。

Words & Phrases

□ pumpkin［パンプキン］　名 カボチャ

jack-o'-lantern［ヂャコランタン］
　　　　名 ジャック・オ・ランタン
　　　　（カボチャちょうちん）

Can you 〜?　〜してくれませんか。

□ cut［カト］　動 〜を切る

□ hole［ホゥル］　名 穴

□ top［タプ］　名 てっぺん，上

□ take out 〜　〜を取り出す

□ seed(s)［スィード(スィーズ)］　名 種

□ pulp［パルプ］　名 果肉

□ carve［カーヴ］　動 〜を刻む

□ cut out 〜　〜を切り取る

□ each［イーチ］　形 それぞれの

□ candle［キャンドル］　名 ろうそく

□ lastly［ラストリ］　副 最後に

Got it?　わかった？

Question

Does Bob know how to make a jack-o'-lantern?

訳 ボブはジャック・オ・ランタンのつくり方を知っていますか。

ヒント アヤの❻の質問に，ボブは❼のように答えています。

解答例 Yes, he does.（はい，知っています）

🔑 Key Sentences

I know **how to make a jack-o'-lantern**.

　　　　　　　　　　　　　私はジャック・オ・ランタンのつくり方を知っています。

I didn't know **what to do next**.

　　　　　　　　　　　　　私は次に何をしたらいいのかわかりませんでした。

▶〈how to + 動詞の原形〉は「～の仕方，どのように～するか」を表し，〈what to + 動詞の原形〉は「すべきこと，何を～すべきか」を表します。

🎲 Tool Kit

I know **how to make a jack-o'-lantern**.

📖 私はジャック・オ・ランタンのつくり方を知っています。

例 how to make a jack-o'-lantern　❶ how to cook curry and rice　❷ how to read this word　❸ what to do next

❶ I know how to cook curry and rice.

　　📖 私はカレーライスのつくり方を知っています。

❷ I know how to read this word.

　　📖 私はこの単語の読み方を知っています。

❸ I know what to do next.

　　📖 私は次にすべきことを知っています。

語句

curry and rice　　カレーライス

word　　　　　　名 語，ことば

🎧 Listen

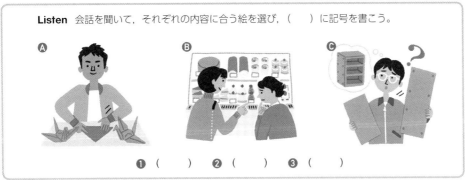

Listen 会話を聞いて，それぞれの内容に合う絵を選び，(　　) に記号を書こう。

❶ (　　　)　❷ (　　　)　❸ (　　　)

▶〈how to ＋ 動詞の原形〉(〜の仕方，どのように〜するか)，〈what to ＋ 動詞の原形〉(すべきこと，何を〜すべきか) に注意して聞き取りましょう。

✱ Think & Try!

絵を見ながら，ジャック・オ・ランタンのつくり方を説明してみよう。

例 I know how to make a jack-o'-lantern. I'll show you how.
First, ____.　Second, ____.　Third, ____.　Lastly, ____.

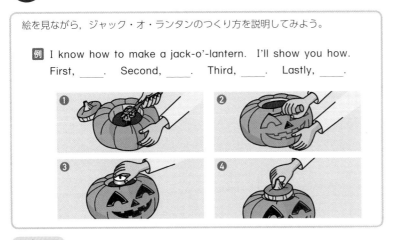

日本語訳

例　私はジャック・オ・ランタンのつくり方を知っています。あなたにやり方を教えましょう。
最初に，_____。　　次に，_____。　　　3番目に，_____。　　　最後に，_____。

語句 I'll ← I will
　　　　third　副 3番目に

Part 2 | **Goal** ハロウィーンについて読み，その感想や自分の経験を伝えよう。
アヤとボブが，インターネットでハロウィーンについて調べています。

❶Halloween takes place on the last day of October. ❷October 31st was Irish New Year's Eve. ❸Irish people believed that the spirits of dead people appeared on this day. ❹They were afraid of evil spirits, too. ❺They wore scary costumes. ❻By doing so, they wanted to trick evil spirits. ❼Also, they put turnip lanterns outside their homes to keep the evil spirits away. ❽After moving to the United States, people started using pumpkins.

Aya: ❾It's interesting to learn the story of Halloween.

Bob: ❿Yes, it's fun for us to learn about its origin.

日本語訳

❶ハロウィーンは10月の最終日に行われます。❷10月31日はアイルランドの大晦日でした。❸アイルランドの人々は，死者の霊がこの日に現れると信じていました。❹彼らはまた，悪霊を恐れていました。❺彼らは恐ろしい衣装を身につけました。❻そうすることによって，彼らは悪霊をだましたかったのです。❼さらに，悪霊を遠ざけておくために，彼らは家の外にカブのちょうちんを置きました。❽アメリカ合衆国に移ったあと，人々はカボチャを使い始めました。

アヤ：❾ハロウィーンの物語を学ぶのはおもしろいわ。

ボブ：❿うん，その起源について学ぶことは，ぼくたちにとって楽しいことだね。

解説

❶〈take place on ＋ 日付〉で「～に行われる」の意味を表します。

❷eve は「前日，前夜」の意味で，New Year's Eve は「大晦日（12月31日）」のことです。
参考 Christmas Eve は「クリスマスの前夜（12月24日の夜）」をさします。

❸believed that ～ は「～ということを信じた」という意味で，that のあとの主語は the spirits of dead people（死者の霊）です。動詞が appeared と過去形になっていますが，訳すときは「現れる」とします。on this day（この日に）は on October 31st（10月31日に）をさします。

❹They は Irish people をさします。were afraid of ～ は「～を恐れていた」という意味です。

❺wore は wear（～を着（てい）る，身につけ（てい）る）の過去形です。

❻By doing so（そうすることによって）は By wearing scary costumes（恐ろしい衣装を身につけることによって）を短く言ったものです。

❼この文の put は過去形です（原形と同じ形）。put ～ outside their homes で「家の外に～を置いた」という意味を表します。to keep ～ away は「～を遠ざけておくために」で，不定詞の to keep は目的を表しています。

❽After moving to ～（～に移ったあと）は，After people moved to ～（人々が～に移ったあと）と言いかえられます。started -ing は「～することを始めた，～し始めた」ということです。

❾It's ... to ～ . は「～することは…だ」という意味で，It は to ～ をさします。本当の主語は to ～（～すること）なので，It を「それは」と訳してはいけません。

❿「～することは（人）にとって…だ」「（人）が～することは…だ」と言いたいときは，〈It's ... for ＋ 人 ＋ to ～ .〉のように to ～ の前に〈for ＋ 人〉を入れます。「人」を表す代名詞には，me, you, him, her など「～を，～に」の意味になる形を使います。its origin（その起源）はもちろん「ハロウィーンの起源」のことです。

📖 Words & Phrases

□ take place　行われる，起こる
□ Irish［アイアリシュ］　形 アイルランドの
□ eve［イーヴ］　名 前日，前夜
　 New Year's Eve　大晦日
□ spirit(s)［スピリト（スピリッツ）］　名 霊，精霊
□ dead［デド］　形 死んでいる
□ evil［イーヴル］　形 邪悪な
□ wore ＜ wear［ウォー ＜ ウェア］　動 wear（～を着る）の過去形
□ costume(s)［カスチューム（ズ）］　名 衣装
□ turnip［ターニプ］　名 カブ
□ lantern［ランタン］　名 ちょうちん
□ **outside**［アウト**サイド**］　副 外に［へ，で］
□ keep ～ away　～を遠ざける
□ United States［ユーナイティド／ステイツ］　名 ［the をつけて］（アメリカ）合衆国（国名）
□ origin［オーリヂン］　名 起源

93

📖 Question

To trick evil spirits, what did Irish people do?

訳 悪霊をだますために，アイルランドの人々は何をしましたか。

ヒント ❺と❻の文に，彼らがしたことが書かれています。

解答例 They wore scary costumes.（彼らは恐ろしい衣装を身につけました）

🗝 Key Sentences

❶ **It is** interesting **to learn** about Halloween.

ハロウィーンについて学ぶことはおもしろいです。

❷ **It is** easy **for me to get up** early.　早く起きることは私にとって簡単です。

▶❶の文は，To learn about Halloween is interesting.（ハロウィーンについて学ぶことはおもしろいです）の主語 To learn about Halloween が長いので，〈It is ＋ 形容詞 ＋ to ＋ 動詞の原形 ～ .〉の形で言いかえたものです。It は本当の主語〈to ＋ 動詞の原形～〉をさすはたらきをし，「それは」とは訳しません。「It is interesting（おもしろいですよ）to learn about Halloween（ハロウィーンについて学ぶことは）」と考えるとわかりやすいでしょう。

▶「～することは（人）にとって…だ」と言いたいときは，❷のように to ～の前に〈for ＋ 人〉を置きます。

🧊 Tool Kit

It's **exciting** for me to **have a Halloween party**.

訳 ハロウィーン・パーティーを開くことは私にとってわくわくします。

| 例 exciting / have a Halloween party | ❶ interesting / learn about American culture | ❷ difficult / get up early | ❸ fun / read novels |

novel 小説

❶ It is interesting for me to learn about American culture.

訳 アメリカ文化について学ぶことは私にとっておもしろいです。

❷ It is difficult for me to get up early.

訳 早く起きることは私にとって難しいです。

❸ It is fun for me to read novels.

訳 小説を読むことは私にとって楽しいです。

語句 American culture　アメリカ文化　　　　novel［ナヴェル］　名小説

94

🎧 Listen

Listen 会話を聞いて，内容に合う絵をそれぞれ選び，記号を○で囲もう。

(1)
Ⓐ
Ⓑ

(2)
Ⓐ ～? Yes!
Ⓑ

(3)
Ⓐ
Ⓑ

▶会話を聞く前に，ⒶとⒷの絵の違いを確かめておきましょう。具体的な内容に注意して聞くようにしましょう。

⚙ Think & Try!

本文を読んだ感想や，ハロウィーンについての自分の経験を書いてみよう。

_____

_____

例 It's fun for me to wear a scary costume.
　　I enjoy Halloween with my friends.

日本語訳

例 恐ろしい衣装を身につけることは私にとって楽しいです。

　　私は友人たちとハロウィーンを楽しみます。

Goal 海外と日本の文化・習慣の類似点や相違点（そうい）を知り，自分の知っていることを伝えよう。

アヤとペドロが，お互い（たが）の国の行事について話しています。

Pedro: ❶That's a cool jack-o'-lantern.

Aya: ❷Bob taught me how to make it.

Pedro: ❸I remember the Day of the Dead in Brazil. ❹We celebrate it on November 2nd.

Aya: ❺Can you tell me more?

Pedro: ❻Sure. ❼We go to church and give flowers to remember our ancestors.

日本語訳

ペドロ：❶あれはかっこいいジャック・オ・ランタンだね。

　アヤ：❷ボブが私に，それのつくり方を教えてくれたのよ。

ペドロ：❸ぼく，ブラジルの「死者の日」を思い出すなあ。❹ぼくたちは11月2日にそれを祝うんだ。

　アヤ：❺私にもっと話してくれる？

ペドロ：❻もちろん。❼ぼくたちの先祖を思い出すために，ぼくたちは教会に行って花を捧げる（ささ）んだ。

解 説

❷taught は teach（～を教える）の過去形です。〈taught ＋ 人 ＋ how to ～〉で「（人）に～の仕方を教えた」という意味になります。it は a cool jack-o'-lantern をさしています。

❸remember は「～を思い出す，～を覚えている」の意味の動詞です。ここでは「思い出す」と訳すとよいでしょう。

　参考 Do you remember her name?「彼女（かのじょ）の名前を覚えていますか。」

❹it は the Day of the Dead（死者の日）をさします。the Dead は〈the ＋ 形容詞〉の形で，dead people を表します。　**参考** the old = old people

❺Can you ～? は「～してくれますか」と依頼する表現です。more は「より多くのこと」の意味で，more about it（それについてもっと多くのこと）を1語で言ったものです。

❼to remember という不定詞は「思い出すために」と目的を表します。to remember our ancestors で「私たちの先祖を思い出すために」という意味になります。

Words & Phrases

☐ **remember** ［ゥリメンバ］　　**動** 〜を思い出す，覚えている

　the Day of the Dead　　死者の日（dead ［デド］ **形** 〔the をつけて〕死者）

☐ **church** ［チャーチ］　　**名** 教会

☐ **ancestor(s)** ［アンセスタ（ズ）］　**名** 先祖

🔑 Key Sentence

Bob **taught me how to make a jack-o'-lantern**.

ボブは私にジャック・オ・ランタンのつくり方を教えました。

▶〈teach ＋ 人 ＋ how to 〜〉で「(人) に〜の仕方を教える」の意味を表します。how 以下が，教えたことを表しています。taught は teach の過去形です。

▶〈tell ＋ 人 ＋ how to 〜〉：「(人) に〜の仕方を伝える［話す］」

　〈ask ＋ 人 ＋ how to 〜〉：「(人) に〜の仕方をたずねる」

 Listen

Listen 英語を聞いて，紹介されている行事を〇で囲もう。また，その行事ですることをメモしよう。

　行事　（ ひな祭り ／ お盆 ／ 月見 ）

　すること＿＿＿＿＿＿＿＿＿＿＿＿＿＿＿＿＿＿＿＿＿＿＿＿＿＿＿＿＿＿＿＿＿＿＿

▶英語で紹介されている行事の名前と，その行事ですることを，メモを取りながら聞き取りましょう。

🔊 発音

［əːr］ church ［チャーチ］, return ［ゥリターン］, nursery ［ナーサリ］

Aya: ❶ Oh, it's like the Bon Festival in Japan! ❷ We believe our ancestors' spirits return home during Obon.

Pedro: ❸ It's interesting to know we have similar customs.

Aya: ❹ Yes, but we use lanterns to welcome the ancestors. ❺ It is different from Halloween in that way.

日本語訳

アヤ：❶あら，それは日本のお盆みたい！　❷私たちは，私たちの先祖の霊がお盆の間に家に戻ってくると信じているのよ。

ペドロ：❸ぼくたちが同じような慣習を持っていることがわかると，おもしろいね。

アヤ：❹ええ，でも私たちは先祖を迎えるためにちょうちんを使うの。❺その点ではハロウィーンと違うわね。

解 説

❶it は，教科書 p.60でペドロがアヤに説明している the Day of the Dead（死者の日）をさします。アヤは，「先祖を思い出すために教会に行って花を捧げる」という習慣が日本の「お盆」と似ていると言っています。この文の like は「～のような，～に似た」の意味の前置詞です。

❷We believe (that) ～ . は「私たちは～ということを信じる」という意味です。「～たちの」は，s で終わる複数形の場合はアポストロフィー（'）だけをつけます。

参考 girls' school「女子校」，teachers' room「職員室」

❸It's interesting to know (that) ～ . は「～ということを知ることはおもしろい」という意味です。It を「それは」と訳さないようにしましょう。また，we have similar customs は「私たちが同じような慣習を持っている」ということです。

❹不定詞の to welcome は「歓迎する［迎える］ために」と目的を表します。

❺It は「日本のお盆では先祖を迎えるためにちょうちんを使うこと」をさします。be different from ～ は「～と異なっている」，in that way は「その点で」（= in that point）という意味です。

Words & Phrases

Bon Festival	お盆	□ **custom(s)** ［カスタム（ズ）］ 名 慣習	
□ **return** ［ゥリターン］ 動 戻る，帰る		▶ welcome 動 ～を歓迎する	
□ **similar** ［スィミラ］ 形 同じような		□ be different from ～ ～とは異なっている	

📖 Question

In Brazil, when do people celebrate the Day of the Dead?

訳 ブラジルでは，人々はいつ「死者の日」を祝いますか。

ヒント 教科書 p.60の 3 〜 4 行目で，ペドロは November 2nd に「死者の日」を祝うと言っています。

解答例 They celebrate it on November 2nd. （彼らは11月 2 日にそれを祝います）

⚙ Think & Try!

次の会話を演じてみよう。最後のアヤのセリフに，1 文以上加えよう。

Pedro: I remember the Day of the Dead in Brazil. We celebrate it on November 2nd.

Aya: Can you tell me more?

Pedro: Sure. We go to church and give flowers to remember our ancestors.

Aya: Oh, it's like the Bon Festival in Japan! We believe our ancestors' spirits return home during Obon.

例 Our town has a Bon Festival in July.
We make horse figures from cucumbers.

日本語訳

ペドロ：ぼく，ブラジルの「死者の日」を思い出すなあ。ぼくたちは11月 2 日にそれを祝うんだ。

アヤ：私にもっと話してくれる？

ペドロ：もちろん。ぼくたちの先祖を思い出すために，ぼくたちは教会に行って花を捧げるんだ。

アヤ：あら，それは日本のお盆みたい！　私たちは，私たちの先祖の霊がお盆の間に家に戻ってくると信じているのよ。

例　私たちの町では 7 月にお盆があります。
私たちはキュウリからウマの姿をつくります。

📖 本文の内容に合うように，（　　　）内に適切な語を書こう。

　　Bob taught Aya ¹(　　　　) to make a pumpkin jack-o'-lantern for Halloween.
Halloween takes ²(　　　　) on the last day of October. Irish people believed that
the spirits of dead people ³(　　　　) on that day. And people wore scary
costumes to ⁴(　　　　) evil spirits. They also use turnip lanterns to keep them
away. It's fun ⁵(　　　　) Aya and Bob ⁶(　　　　) learn about the origin of
Halloween.

　　In Brazil, they give flowers to remember their ancestors on November 2nd. It's
⁷(　　　　) the Bon Festival in Japan. But we use lanterns to welcome the
ancestors. In this point, it's ⁸(　　　　) from Halloween.

解答と解説

1（ how ）　　　「～のつくり方」は how to make ～ のように表します。
2（ place ）　　 take place で「行われる」という意味になります。
3（ appeared ）　過去の文なので，「現れる」という意味の動詞の過去形が入ります。
4（ trick ）　　　to trick ～で「～をだますために」と目的を表します。
5（ for ）　　　〈It is ... for ＋ 人 ＋ to ～ .〉という文です。〈for ＋ 人〉は「～にとって，～に
　　　　　　　　は」の意味になります。
6（ to ）　　　　to learn about ～ で「～について学ぶこと」の意味になります。
7（ like ）　　　「～のような，～に似た」を表す前置詞が入ります。
8（ different ）　「～と異なっている」は be different from ～ で表します。

日本語訳

　ボブはアヤに，ハロウィーンのカボチャのジャック・オ・ランタンのつくり方を教えました。ハ
ロウィーンは10月の最終日に行われます。アイルランドの人々は，死者の霊がその日に現れると
信じていました。そして人々は悪霊をだますために恐ろしい衣装を身につけました。彼らはまた，
それら［悪霊］を遠ざけておくためにカブのちょうちんを使います。ハロウィーンの起源について
学ぶことは，アヤとボブにとって楽しいことです。
　ブラジルでは，彼らの先祖を思い出すために11月２日に花を捧げます。それは日本のお盆のよ
うです。しかし私たちは先祖を迎えるためにちょうちんを使います。この点で，それはハロ
ウィーンと異なっています。

Task

➡教科書 p.62

■日本語訳を参考にしてみよう。

Mr. Kato と Mei が日本とシンガポールのハロウィーンについて話しています。2人の会話を聞いて，内容を5文でまとめて書こう。

（日本の人々の様子）

People in Japan _____.

（ピニャータはどんなものか）

A "piñata" is like _____ and it is _____.

（ピニャータの使われ方）

Children in Singapore break it _____.

（Mei が Mr. Kato に教えようとしていること）

Mei will show Mr. Kato _____ a "piñata."

（Mr. Kato にとって楽しいこと）

It is fun for Mr. Kato to _____.

日本語訳

日本の人々は_____。
「ピニャータ」は_____のようで，それは_____です。
シンガポールの子どもたちは，それをこわして_____。
メイは加藤先生にピニャータ_____。
_____ことは加藤先生にとって楽しいことです。

語句

piñata　名 ピニャータ（菓子などを詰めた紙の張り子を天井などからぶら下げ，目隠しをした子どもがそれを割って楽しむパーティーゲーム）

■日本語訳を参考にしてみよう。

> *A:* ❶Do you know how to cook tempura?
>
> *B:* No, not really.　❷It's not easy for me to cook it.　❸I think Aya can tell you how to make tempura.　She is good at cooking.

日本語訳

A：❶あなたはてんぷらのつくり方を知っていますか。

B：いいえ，よく知りません。❷それをつくることは私には簡単ではありません。❸私は，アヤがあなたにてんぷらのつくり方を教えられると思います。彼女は料理がじょうずですよ。

1.「〜の仕方」や「すべきこと」などを述べるとき…… ❶

I don't know **how to play** chess.

> 訳 私はチェスのやり方を知りません。

I didn't know **what to say** to Taro.

> 訳 私はタロウに言うべきことを知りませんでした［何と言えばよいかわかりませんでした］。

2.「〜することはおもしろい・難しい・不可能だ」などを述べるとき…… ❷

It is dangerous **to** swim in this river.

= Swimming in this river is dangerous.

> 訳 この川で泳ぐことは危険です。

It is difficult **for me** to do this homework in 30 minutes.

= Doing this homework in 30 minutes is difficult for [to] me.

> 訳 30分でこの宿題をすることは私には難しいです。

3.「だれに〜の仕方，何をすべきかなどを伝える・教える・たずねるか」を述べるとき…… ❸

That man **asked** me how to get to the library.

> 訳 あの男性は私に図書館への行き方をたずねました。

Can you **tell me** when to start?

> 訳 いつ出発すればよいか，私に教えてくれませんか。

Tips ❹ for Speaking

→教科書 p.64

Goal 身近なものや人を説明しよう。

■日本語訳を参考にしてみよう。

It is a kind of bird. Its feathers are colorful, like red, blue and green.

訳 それは鳥の一種です。それの羽は赤，青，緑のようにカラフルです。

It can <u>imitate</u> <u>human</u> <u>voices</u> like "Hello."
　　　　まねる　　人間の　　声

訳 それは「ハロー」のような人間の声をまねることができます。

語句 imitate［**イ**ミテイト］ **動** ～をまねる　　　　　human［**ヒュ**ーマン］ **形** 人間の

voice(s)［**ヴォ**イス（**ヴォ**イスィズ）］ **名** (人の)声

💡Tips ものや人を説明するときのコツ

① This is an animal [a person, a sport, a kind of food, a place, a season など].

訳 これは動物 [人，スポーツ，食べものの一種，場所，季節など] です。

② （傘）You use it when it is rainy.　　訳 あなたはそれを雨が降っているときに使います。

（医師）You can see them in a hospital.　　訳 あなたは彼らを病院で見ることができます。

③ （カエル）It can <u>hop</u>.　　　　　　訳 それはぴょんとはねることができます。
　　　　　　　　ぴょんとはねる

（医師）They can help sick people.　　訳 彼らは病気の人たちを助けることができます。

④ （キリン）It has a long <u>neck</u>.　　　　訳 それは長い首を持って [して] います。
　　　　　　　　　　　　首

（医師）They often wear white uniforms.　　訳 彼らはしばしば白い制服を着ます。

⑤ （サッカー）There are two teams of eleven players on a field.

訳 競技場には11人の選手のチームが2つあります。

（イヌ）Many people like to have this as a pet.

訳 多くの人々はこれをペットとして飼うことが好きです。

Let's Try!　**Explanation Game** をしてみよう。
　　　　　　　　　説明

You use this when it rains.　訳 あなたはこれを雨が降るときに使います。

It is long.　訳 それは長いです。

You can open and close it.　訳 あなたはそれを開いたり閉じたりすることができます。

It's an umbrella!　訳 それは傘です。

語句 rain(s)　**動** 雨が降る

Lesson 6 Castles and Canyons 城と峡谷

Speak about interesting places to visit!
訪れるのにおもしろい場所について話しましょう。

What place do you want to visit?
あなたはどんな場所を訪れたいですか。

□ canyon(s) ［**キャニオン(ズ)**］ 名 峡谷

➡教科書 pp.66－67

Part 1

Goal 高さや古さなどを比べて，違いを伝えよう。
ボブのいとこのエミリー (Emily) が，日本を訪れています。ボブ，アヤ，ケンタ，メイが，鎌倉を案内しています。

Kenta: ❶ Here we are. ❷ That's the Great Buddha.

Emily: ❸ It's really huge! ❹ How tall is it?

Kenta: ❺ Let me see. ❻ The guide book says it's 13.35 meters tall. ❼ It's taller than our school! ❽ Our school is a three-story building.

Emily: ❾ Is this the tallest Great Buddha in Japan?

Kenta: ❿ No, some others are much taller than this one.

Emily: ⓫ I see. ⓬ I love Kamakura. ⓭ It's one of the oldest towns in Japan, so there are many interesting temples and shrines.

日本語訳

ケンタ：❶さあ，着いた。❷あれが大仏だよ。

エミリー：❸本当に大きい！　❹どれくらいの高さなの？

ケンタ：❺ええと。❻ガイドブックには13.35メートルの高さだと書いてあるよ。❼ぼくたちの学校より高いね！　❽ぼくたちの学校は3階建ての建物だ。

エミリー：❾これは日本でいちばん高い大仏？

ケンタ：❿いや，ほかのいくつかはこれよりずっと高いよ。

エミリー：⓫そうなんだ。⓬私は鎌倉が大好き。⓭それは日本で最も古い町の1つだから，興味深いお寺や神社がたくさんあるわ。

解説

❶「ここに私たちはいる」→「さあ，着いた」と考えます。「さあ，鎌倉に着いた」と言いたいときは，Here we are in Kamakura. とします。

❹ How tall ～? は高さをたずねる文です。

参考 How long is it?「それはどれくらいの長さですか。」

❺ Let me see. は「ええと」と少し考えるときに使う，つなぎの表現です。

❻ says (that) ～ で「～と書いてある」という意味になります。 ～ meters tall は「～メートルの高さ」ということです。

❼ 何かと比べて「～より高い」と言うときは，taller than ～ とします。taller は tall の比較級です。ふつうは er をつけて比較級にします。

❽ three-story building は「3階建ての建物」という意味です。

❾「いちばん高い～」と言うときは，the tallest ～ とします。tallest は tall の最上級です。ふつうは est をつけて最上級にします。形容詞の最上級の前には必ず the をつけます。

❿ some others（ほかのいくつかのもの）は，some other Great Buddhas（ほかのいくつかの大仏）をさします。「～よりずっと高い」と比較級を強調するときは，much を使って much taller than ～ とします。this one は this Great Buddha（この大仏），つまり鎌倉の大仏をさしています。

⓭ one of the oldest towns は「いちばん古い町の1つ」という意味です。oldest は old の最上級です。このように，英語では複数名詞の前に最上級をつけることができます。「非常に古いいくつかの町の1つ」と考えればよいでしょう。

Words & Phrases

Here we are.	さあ，着いた。
Great Buddha［グレイト／ブーダ］	名 大仏
	〔the をつけて〕（鎌倉の）大仏
13.35 = thirteen point three five	
□ **than**［ザン］	前 ～よりも
▶ story	名（建物の）階
□ **building**［ビルディング］	名 建物

Question

Is the Great Buddha taller than Kenta's school?

訳 その大仏はケンタの学校よりも高いですか。

ヒント ❻と❼の文を見て答えましょう。

解答例 Yes, it is.（はい，そうです）

🔑 Key Sentences

The Great Buddha is **taller than** our school.　その大仏は私たちの学校よりも高いです。

This is **the tallest** Great Buddha in Japan.　これは日本でいちばん高い大仏です。

▶「～よりも高い」というときは，tall の比較級を使って taller than ～ と表します。

▶「いちばん高い～」というときは，tall の最上級を使って，the tallest ～ と表します。形容詞の最上級の前には必ず the をつけます。

📦 Tool Kit

<u>The Great Buddha</u> is <u>taller</u> than <u>our school</u>.

[訳] その大仏は私たちの学校よりも高いです。

❶　Tokyo Tower is older than Tokyo Skytree.

　　[訳] 東京タワーは東京スカイツリーよりも古いです。

❷　Brazil is larger than Australia.

　　[訳] ブラジルはオーストラリアよりも大きい[広い]です。

❸　The Shinano river is longer than the Tone river.

　　[訳] 信濃川は利根川よりも長いです。

▶ large のように e で終わる形容詞の比較級は r をつけるだけです。

語句

Tokyo Tower　東京タワー（333m）

large［ラーヂ］形 大きい

参考

Tokyo Skytree　　　東京スカイツリー（634m）

Brazil　　　　　　ブラジル（851万km²）

Australia　　　　　オーストラリア（769万km²）

the Shinano river　信濃川（全長約367km）

the Tone river　　　利根川（全長約322km）

🎧 Listen

Listen 会話を聞いて，Liz の質問に対する答えとして正しいものをそれぞれ選び，記号を◯で囲もう。また，Haruto の話す情報を聞き取って，（　　）に数字を書こう。

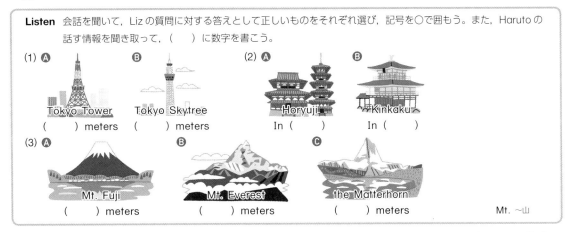

(1) Ⓐ Tokyo Tower （　　）meters　Ⓑ Tokyo Skytree （　　）meters
(2) Ⓐ Horyuji In （　　）　Ⓑ Kinkaku In （　　）
(3) Ⓐ Mt. Fuji （　　）meters　Ⓑ Mt. Everest （　　）meters　Ⓒ the Matterhorn （　　）meters

Mt. 〜山

▶ 会話を聞く前に，ⒶとⒷの絵の違いを確かめておきましょう。比較の表現に注意して，数字やキーワードはメモを取りながら聞きましょう。

（語句） Mt. 名 …山〈山の名の前に置く〉，Mount（山）の略

⚙ Think & Try!

次の会話を演じてみよう。最後に，表を見ながら自由にやりとりを加えよう。

A: The Great Buddha in Kamakura is taller than our school.
B: Is this the tallest Great Buddha in Japan?
A: No, some others are taller than this one.

Location	Tall (meters)	Year
Kamakura (Kanagawa)	13	about 1252
Nara (Nara)	18	752
Ushiku (Ibaraki)	120	1992
Asuka (Nara)	3	609

日本語訳
A：鎌倉の大仏は私たちの学校よりも高いです。
B：これは日本でいちばん高い大仏ですか？
A：いいえ，ほかのいくつかはこれよりも高いです。

語句
location 名 場所
Kamakura (Kanagawa) 鎌倉（神奈川県）
Nara (Nara) 奈良（奈良県）
Ushiku (Ibaraki) 牛久（茨城県）
Asuka (Nara) 飛鳥（奈良県）

Part 2

 Goal 日本の城について伝えよう。

アヤ，ボブ，ケンタが，日本の城について話しています。

Aya: ❶Kamakura was wonderful. ❷What place do you want to visit next?

Bob: ❸I'm interested in Japanese castles.

Aya: ❹I hear they're popular among history fans.

Bob: ❺Yes. ❻Japanese castles are more interesting than Japanese food to me.

Kenta: ❼Incredible! ❽I prefer eating to sightseeing.

Aya: ❾Let's do an Internet search on castles. ❿This site says Himeji Castle is the most popular castle in Japan.

Bob: ⓫I want to see Himeji Castle. ⓬I heard it's the most beautiful of all the castles.

Aya: ⓭I prefer Kumamoto Castle. ⓮It looks more powerful than Himeji Castle.

日本語訳

アヤ：❶鎌倉はすばらしかった。❷あなたは次にどんな場所を訪れたい？

ボブ：❸ぼくは日本の城に興味があるな。

アヤ：❹それらは歴史ファンの間で人気があるそうね。

ボブ：❺うん。❻ぼくには，日本の城は日本の食べものよりも興味があるよ。

ケンタ：❼信じられない！　❽ぼくは観光よりも食べることのほうが好きだな。

アヤ：❾お城についてインターネット調査をしましょうよ。❿このサイトには，姫路城が日本でいちばん人気がある城だと書いてある。

ボブ：⓫姫路城を見たいな。⓬それはすべての城の中でいちばん美しいって聞いたよ。

アヤ：⓭私は熊本城のほうが好き。⓮それは姫路城よりも力強く見えるのよ。

解説

❹I hear（that）～ . は「私は～だと聞いている」「～だそうですね」という意味です。

❻more interesting than ～（～よりも興味深い）の more interesting は interesting の比較級です。つづりが長めの形容詞の比較級は，語尾に er をつけるのではなく，前に more を置いてつくります。ボブはこの文で「日本の城」と「日本の食べもの」を比べています。

❽prefer ～ to ... で「…より～が好きだ」の意味を表します。この文では eating（食べること）と sightseeing（観光）が比べられています。

❾ do a search on ~ は「~について調査をする［調べる］」という意味です。

❿ This site says (that) ~ . は「このサイトには~と書いてある」という意味です。the most popular castle（いちばん人気がある城）の most popular は，popular の最上級です。つづりが長めの形容詞の最上級は，est をつけるのではなく，前に most を置いてつくります。

⓬ heard は hear の過去形です。I heard (that) ~ . で「私は~ということを耳にした［~だと聞いた］」という意味になります。the most beautiful は「いちばん美しい」，of all the castles は「すべての城の中で」という意味です。of のあとには複数（all を含む）を表す語句が続きます。

参考 He is the tallest of the four.「彼は4人のうちでいちばん背が高い。」

⓭ prefer ~ は「~のほうが好きだ」という意味です。

⓮ It は Kumamoto Castle をさしています。It looks ~ . は「それは~のように見える」，more powerful は powerful（強力な，力強い）の比較級です。

📖 Words & Phrases

□ **interested** ［インタレスティド］ 形 興味がある
□ **be interested in ~** ~に興味がある
□ **hear** ［ヒア］ 動 耳にする
   they're ［ゼア］ ← they are
□ **among** ［アマング］ 前 ~の間で
□ **history** ［ヒストリ］ 名 歴史
□ **fan(s)** ［ファン（ズ）］ 名 ファン
□ incredible ［インクレディブル］ 形 信じられない
□ prefer ~ to ... ...より~が好きである
□ sightseeing ［サイトスィーイング］ 名 観光
□ **search** ［サーチ］ 名 探査，調査
□ **site** ［サイト］ 名（インターネットの）サイト
□ heard ［ハード］ 動 hear（耳にする）の過去形
□ **powerful** ［パウアフル］ 形 強力な

📖 Question

Why does Bob want to see Himeji Castle?

訳 ボブはなぜ姫路城を見たいのですか。

ヒント ⓬の文にその理由が書かれています。Because ~ . の文で答えましょう。

解答例 Because he heard it's the most beautiful of all the castles.
（彼はそれがすべての城の中でいちばん美しいと聞いたからです）

🔑 Key Sentences

This book is **more interesting than** that one.	この本はあの本よりもおもしろいです。
Himeji Castle is **the most popular** in Japan.	姫路城は日本でいちばん人気があります。

▶ interesting や popular のようにつづりが長めの形容詞は，前に more をつけて比較級にし，most をつけて最上級にします。

▶ in のあとには，in Japan, in my school のように「特定の範囲」を表す名詞が続きます。「比較の対象（複数の意味を持つ名詞・代名詞）」が続くときは，in ではなく of を使います。

　例　of the five boys「その5人の少年のうちで」，of them「彼らのうちで」，of all「すべてのうちで」

📦 Tool Kit

<u>Basketball</u> is more <u>exciting</u> than <u>soccer</u> to me.

🈡 私には，バスケットボールはサッカーよりもわくわくします。

| 例 basketball / exciting / soccer | ❶ math / difficult / English | ❷ love / important / money | ❸ reading books / interesting / watching TV |

❶　Math is more difficult than English to me.

　🈡 私には，数学は英語よりも難しいです。

❷　Love is more important than money to me.

　🈡 私には，愛はお金よりも大切です。

❸　Reading books is more interesting than watching TV to me.

　🈡 私には，本を読むことはテレビを見ることよりもおもしろいです。

🎧 Listen

Listen 英語を聞いて，（　　）に1〜3の順位を書こう。

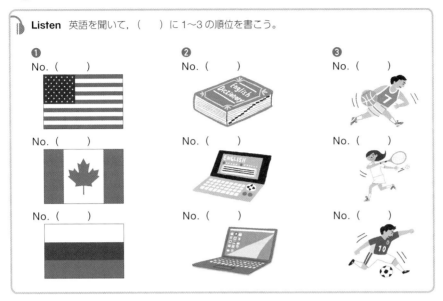

❶　No. (　　　)

❷　No. (　　　)

❸　No. (　　　)

No. (　　　)

No. (　　　)

No. (　　　)

No. (　　　)

No. (　　　)

No. (　　　)

▶ more や the most などの比較の表現に注意して，内容を正確に聞き取りましょう。

❋ Think & Try!

ボブになりきって，次の文に続けて日本の城について書いてみよう。

I'm interested in Japanese castles.

例 They are more interesting than Japanese food to me.　I read that Himeji Castle is the most popular castle in Japan.　Aya likes Kumamoto Castle.　I want to visit both.

日本語訳

ぼくは日本の城に興味があります。

例　ぼくには，それらは日本の食べものよりも興味があります。ぼくは，姫路城は日本でいちばん人気がある城だと(本などで)読みました。アヤは熊本城が好きです。ぼくは両方とも訪れたいです。

🔊 アクセント

incrédible [インクレディブル]，impóssible [インパスィブル]，nécessary [ネセセリ]

111

Goal 自分の住んでいるところについて伝えよう。

ボブのいとこのエミリーが，故郷のアリゾナ州を紹介しています。

❶There are many interesting places to visit in the U.S. ❷Let me tell you about Arizona because I am from there. ❸The Grand Canyon National Park is a World Heritage Site in the U.S. ❹It's really huge. ❺You can see many kinds of animals there, such as bobcats, squirrels and bears.

日本語訳

❶アメリカ合衆国には訪れるべきおもしろい場所がたくさんあります。❷アリゾナ州について あなた（たち）にお話ししましょう，なぜなら私はそこの出身だからです。❸グランド・キャニオ ン国立公園はアメリカ合衆国の中の世界遺産です。❹それは本当に巨大です。❺あなたはそこで， ボブキャットやリスやクマのような多くの種類の動物を見ることができます。

解 説

❶There are ～ . は，「…には～が（複数）ある」という文です。places to visit は「訪れる（べ き）場所」という意味です。

❷〈Let ＋ 人＋動詞の原形 ～ .〉は「（人）に～させてください」という意味です。Let me tell you about ～ . は「～についてあなたたちに話させてください」→「～についてお話ししましょう」 ということです。because 以下で，話す理由を表しています。there（そこ）は Arizona（アリ ゾナ州）をさします。

❸World Heritage Site は「世界遺産」のことで，heritage は「遺産」，site は「場所，遺跡」 の意味です。それぞれの語のはじめを大文字で書きます。

❹It は The Grand Canyon National Park をさします。huge は「巨大な」という意味です。

❺there（そこで）は in the Grand Canyon National Park をさします。such as ～（～のよう な）は例を示すときの表現で，many kinds of animals（多くの種類の動物）の具体例になって います。

参考 I like ball games, such as soccer and baseball.

「私はサッカーや野球のような球技が好きです。」

Words & Phrases

U.S. = United States	名［the をつけて］（アメリカ）合衆国（国名）
Arizona ［アリゾゥナ］	名 アリゾナ州
Grand Canyon ［グランド／キャニオン］	名［the をつけて］グランド・キャニオン国立公園
World Heritage Site ［ワールド／ヘリティヂ／サイト］	世界遺産
bobcat(s) ［バブキャト（バブキャッ）］	名 ボブキャット
squirrel(s) ［スクワーレル（ズ）］	名 リス

Key Sentences

Kyoto is **as popular as** Nara.　京都は奈良と同じくらい人気があります。

I **like** summer **the best**.　私は夏がいちばん好きです。

▶〈as + 形容詞 + as ～〉で「～と同じくらい…」の意味を表します（➡教科書 p.71，1 行目）。

▶ like ～ the best で「～がいちばん好きだ」の意味を表します（➡教科書 p.71，6 行目）。best は good（よい，じょうずな）と well（よく，じょうずに）の最上級です。

 Listen

Listen Haruto がクラスメートに好きな教科についてインタビューした結果を発表しています。内容に合うものを○で囲もう。

❶ （ 国語と英語 ／ 数学と英語 ／ 国語と数学 ）は同じくらい人気

❷ （ 国語 ／ 数学 ／ 英語 ／ 社会 ／ 理科 ／ 音楽 ／ 美術 ／ 保健体育 ／ 技術家庭 ）がいちばん人気

▶〈as + 形容詞／副詞 + as〉や more，the most などの比較の表現に注意して，内容を正確に聞き取りましょう。

🔊 発音
［f］ photographer ［フォ**タ**グラファ］，smartphone ［スマートフォウン］

❶Antelope Canyon is as amazing as the Grand Canyon. ❷It's especially popular among photographers. ❸People enjoy the fascinating sights. ❹Look at this picture. ❺With a beam of light, this place looks even more mysterious.

❻If you come to Arizona, you should also visit Sedona. ❼Sedona is a town of red rocks. ❽I like this place the best because of its beautiful scenery. ❾You can walk along a trail. ❿You might feel energy from the earth.

日本語訳

❶アンテロープ・キャニオンはグランド・キャニオンと同じくらい見事です。❷それは写真家たちの間で特に人気があります。❸人々はその魅力的な景色を楽しみます。❹この写真を見てください。❺一筋の光が差し込むと，この場所はさらにいっそう神秘的に見えます。

❻もしアリゾナ州に来たら，あなたはセドナも訪れるべきです。❼セドナは赤い岩の町です。❽その美しい景観のおかげで，私はこの場所がいちばん好きです。❾あなたは小道に沿って歩くことができます。❿あなたは地球からのエネルギーを感じるかもしれません。

解 説

❶as amazing as ～ で「～と同じくらい驚くべき［見事な］」の意味を表します。

❷It は Antelope Canyon をさします。especially は「特に」，popular among ～ は「～の間で人気がある」，photographer は「写真家」の意味です。

❺With ～ は「～をともなうと，～があると」ということで，When it is with ～（それが～をともなうとき）を短く言ったものです。looks even more mysterious は「さらにいっそう神秘的に見える」で，even が比較級 more mysterious（より神秘的な）を強調しています。

❻If ～ は「もし～なら［～したら］」という意味です。「～」の部分が未来のことでも現在形を使います。

参考 If it rains tomorrow, I won't play soccer.
「もし明日雨が降ったら，私はサッカーをしません。」
（下線部を will rain とするのは誤りです）

❽like ～ the best で「～がいちばん好きだ」という意味を表します。because of ～ は「～のおかげで」（原因・理由），its は「この場所（＝セドナ）の」ということです。

❿might は may の過去形ですが，「～かもしれない」という推量を表します。

Words & Phrases

Antelope Canyon ［アンテロウプ／キャニオン］
　名 アンテロープ・キャニオン
□ **especially** ［イスペシャリ］ 副 特に
□ photographer(s) ［フォ**タ**グラファ(ズ)］
　名 写真家
□ fascinating ［ファスィネイティング］
　形 魅力的な
□ sight(s) ［**サ**イト(**サ**イツ)］ 名 景色
□ beam ［ビーム］ 名 光線
　a beam of light 一筋の光

even more いっそう
□ mysterious ［ミス**ティ**アリアス］
　形 神秘的な
Sedona ［シ**ドゥ**ナ］ 名 セドナ
□ **rock(s)** ［ゥ**ラ**ク(ス)］ 名 岩，石
□ because of ～ ～のおかげで
□ scenery ［ス**ィー**ナリ］ 名 景色，景観
□ **along** ［ア**ロ**ング］ 前 ～に沿って
□ trail ［トレイル］ 名 小道
□ **might** ［マイト］ 助 ～かもしれない

Question

What can we see in the Grand Canyon National Park?

訳 グランド・キャニオン国立公園で，私たちは何を見ることができますか。

ヒント 教科書 p.70の4～6行目を見て答えましょう。

解答例 We can see many kinds of animals there, such as bobcats, squirrels and bears.
（私たちはそこで，ボブキャットやリスやクマのような多くの種類の動物を見ることが
できます）

Think & Try!

あなたの住んでいる都道府県を紹介してみよう。次の文の（ ）内に都道府県名を入れ
て，最後に自由に1文以上加えよう。

There are many interesting places to visit in Japan. Let me tell you about
（　　　　　　　） because I live there.

例 If you come to Okinawa, you should visit Churaumi Aquarium. I
like this place the best because we can see a lot of beautiful fish.

日本語訳

日本には訪れるべきおもしろい場所がたくさんあります。あなた(たち)に（　　　）についてお
話しましょう，なぜなら私はそこに住んでいるからです。

例 もし沖縄に来たら，あなたは美ら海水族館を訪れるべきです。多くの美しい魚を見ることが
できるので，私はこの場所がいちばん好きです。

115

📖 本の内容に合うように，（　　　）内に適切な語を書こう。

　The Great Buddha in Kamakura is ¹(　　　　　) than Bob's school. This is not the ²(　　　　) Great Buddha in Japan, and some other ones are ³(　　　　) taller than it.

　Japanese castles are ⁴(　　　　) interesting than Japanese food to Bob. Aya found that Himeji Castle is the ⁵(　　　　) popular in Japan. Bob thinks it's the most beautiful ⁶(　　　) all the castles.

　Emily gave a speech about Arizona. The Grand Canyon National Park is a World Heritage Site in the U.S., and Antelope Canyon is as amazing ⁷(　　　　) the Grand Canyon. She likes Sedona the ⁸(　　　　) because of its beautiful scenery.

解答と解説

1（ taller ）　うしろに than（～よりも）があるので，tall の比較級が入ります。

2（ tallest ）　前に the，うしろのほうに in Japan があるので，tall の最上級が入ります。

3（ much ）　比較級 taller を強調して「ずっと」の意味を表します。even でも正解です。

4（ more ）　うしろに than があるので，interesting を比較級にします。

5（ most ）　うしろに in Japan があるので，popular を最上級にします。

6（ of ）　「すべての城の中で」の意味になるように前置詞を入れます。in は使えません。

7（ as ）　as ～ as ... で「…と同じくらい～」の意味になります。

8（ best ）　like ～ the best で「～がいちばん好きだ」の意味を表します。

日本語訳

　鎌倉の大仏はボブの学校よりも高いです。これは日本でいちばん高い大仏ではなく，ほかのいくつかの大仏はそれよりもずっと高いです。

　ボブには，日本の城は日本の食べものよりも興味があります。アヤは，姫路城は日本でいちばん人気があることを発見しました。ボブは，それはすべての城の中でいちばん美しいと思っています。

　エミリーはアリゾナについてスピーチをしました。グランド・キャニオン国立公園はアメリカ合衆国の世界遺産で，アンテロープ・キャニオンはグランド・キャニオンと同じくらい見事です。その美しい景観のおかげで，彼女はセドナがいちばん好きです。

Task ➡教科書 p.72

■日本語訳を参考にしてみよう。

🎧🎤 Bob と Aya がスポーツについて話をしています。2人の会話を聞いて，内容をまとめて発表しよう。

(Bob が好きなスポーツ)

Bob _____.

(アメリカ合衆国で人気のあるスポーツ)

In America, _____.

(Aya はどちらのスポーツを観戦するのが好きか)

Aya likes watching _____ than watching _____.

(次の日曜日，Aya と試合を見に行く人)

Aya _____ next Sunday.

日本語訳

ボブは _____。

アメリカ合衆国では, _____。

アヤは _____ を観戦するよりも, _____ を観戦するほうが好きです。

アヤは，次の日曜日に _____。

Practice ✏

■日本語訳を参考にしてみよう。

Taro is a member of the basketball team. ❶He is the tallest player on the team. ❷I'm shorter than Taro, but ❸I can jump as high as he. Taro and I like basketball very much, but ❹soccer is more popular than basketball in my class. ❺What is the most popular sport in Japan? I think it is soccer or baseball. ❻I like baseball better than soccer. Of course, ❼I like basketball the best.

日本語訳

タロウはバスケットボール・チームのメンバーです。❶彼はチームでいちばん背が高い選手です。❷私はタロウよりも背が低いのですが，❸私は彼と同じくらい高く跳ぶことができます。タロウと私はバスケットボールが大好きですが，❹私のクラスではサッカーがバスケットボールよりも人気があります。❺日本でいちばん人気のあるスポーツは何でしょうか？私は，それはサッカーか野球だと思います。❻私はサッカーよりも野球のほうが好きです。もちろん，❼私はバスケットボールがいちばん好きです。

1. 2つのものを比べて，その違<ruby>ちが<rt></rt></ruby>いを伝えるとき…… ❷，❹

Taro's dog is **larger than** mine. 　訳 タロウのイヌは私のイヌよりも大きいです。

Science is **more difficult than** math to me. 　訳 私には，理科は数学よりも難しいです。

2. 3つ以上のものを比べて，「いちばん〜だ」と伝えるとき…… ❶，❺

Taro can run **the fastest of** the five boys.

　訳 タロウはその5人の少年の中でいちばん速く走ることができます。

Who is **the most popular** singer **in** Japan?

　訳 日本でいちばん人気のある歌手はだれですか。

▶「複数のものの中で」を表すときは of を使い，「ある集団，地域の中で」を表すときは in を使います。

3. 「同じくらい〜だ」「いちばん好きだ」などを伝えるとき…… ❸，❻，❼

Taro can speak English **as well as** Jiro.

　訳 タロウはジロウと同じくらいじょうずに英語を話すことができます。

I like cats **better than** dogs. 　訳 私はイヌよりもネコのほうが好きです。

I like tennis **the best**. 　訳 私はテニスがいちばん好きです。

▶「…よりも〜のほうが好きだ」は，like 〜 better than ... のように表します。

解説

1. 比較級・最上級のつくり方

▶形容詞・副詞に er をつけると比較級になり，est をつけると最上級になります。

tall（原級）– tall<u>er</u>（比較級）– tall<u>est</u>（最上級）

例 old – old<u>er</u> – old<u>est</u>　　　small – small<u>er</u> – small<u>est</u>

▶発音しない e で終わる語の場合は r, st をつけるだけです。

例 large – larg<u>er</u> – larg<u>est</u>

▶〈子音字 + y〉で終わる語の場合は，y を i にかえて er, est をつけます。

例 busy – bus<u>ier</u> – bus<u>iest</u>　　early – earl<u>ier</u> – earl<u>iest</u>

▶〈1 母音字 + 1 子音字〉で終わる語の場合は，子音字を重ねて er, est をつけます。

例 big – big<u>ger</u> – big<u>gest</u>　　hot – hot<u>ter</u> – hot<u>test</u>

▶つづりが長めの語の場合は，more をつけると比較級になり，most をつけると最上級になります。

例 interesting – more interesting – most interesting

beautiful – more beautiful – most beautiful

2. 比較表現の書きかえ

▶ Taro's dog is **larger** than mine.（タロウのイヌは私のイヌよりも大きいです）

→ My dog is **smaller** than Taro's.（私のイヌはタロウのイヌよりも小さいです）

▶ Science is **more difficult** than math to me.（私には，理科は数学よりも難しいです）

→ Math is **easier** than science to me.（私には，数学は理科よりもやさしいです）

▶ I **like** cats **better than** dogs.（私はイヌよりもネコのほうが好きです）

→ I **prefer** cats **to** dogs.

▶ He can run **the fastest** in his class.（彼は彼のクラスの中でいちばん速く走れます）

→ He is **the fastest** runner in his class.

（彼は彼のクラスの中でいちばん速いランナーです）

3. そのほかに注意すること

Ken is as old as Emi. という文は，「ケンはエミと同じくらい年寄りだ」という意味ではありません。「ケンはエミと同じくらいの年齢です」「ケンはエミと同い年です」という意味で，2 人が何歳であっても使えます。

119

Goal　メモをじょうずに使って話そう。

■日本語訳を参考にしてみよう。

🎧 下のメモは，Akari がスピーチをするためにつくったものです。実際のスピーチとそれに続く質疑応答を聞いて，スピーチに出てきた語句には○を，質疑応答に出てきた語句には△を，両方に出てきた語句には◎をつけよう。

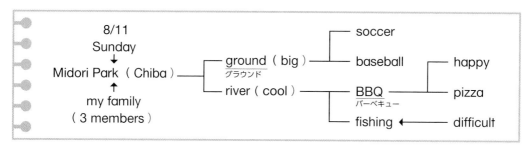

日本語訳

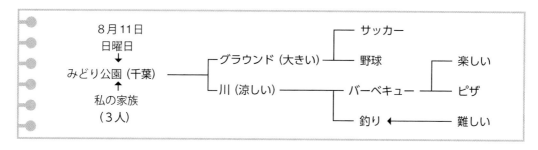

Practice ✏

Useful Expressions ❷

➡教科書 p.75

Shopping ▶ 買いものの表現

 Goal 要望を伝えて，自分の望むものを買おう。
エミリーが洋服店で買いものをしています。

❶ May I help you?

❷ Yes, I'm looking for a nice shirt.

❸ How about this one?

❹ Mmm... **it's too** expensive **for me**.
❺ **Do you have any** cheaper **ones?**

❻ Sure. ❼ I recommend this one.

❽ May I try it on?

❾ Of course.

❿ Thanks.

日本語訳

❶ご用件をお聞きしましょうか？　❷はい，すてきなシャツを探しています。❸こちらのものは
いかがですか？　❹うーん…それは私には値段が高すぎます。❺もっと安いものはありますか？
❻もちろんです。❼私はこちらのものをお勧めします。❽試着してもいいですか？
❾もちろんです。❿ありがとう。

Speak

■日本語訳を参考にしてみよう。

下線部を他の語に置きかえて，言ってみよう。

It's too expensive **for me**. ［small / dark］

　訳　それは私には値段が高すぎます。［小さい／（色が）暗い］

Do you have any cheaper **ones?** ［larger / lighter］

　訳　もっと安いものはありますか。［大きい／（色の）明るい］

Words & Phrases

shirt ［シャート］名 シャツ

mmm ［ンー］　間 （考え込んで）うーん

Talk and write about charity events!
慈善イベントについて話し，書きましょう。

What can we do to help people in need?
困っている人々を助けるために，私たちは何ができますか。

- □ **gift** [ギフト]　　　　　**名** 贈りもの
- □ **charity** [チャリティ]　**名** 慈善，チャリティー
-   　in need　　　　　　　必要としている

➡教科書 pp.78−79

Part 1　　Goal　ものについて説明しよう。
　　　　キング先生が，授業中にスライドを見せています。

Ms. King: ❶Look!　❷This is something very old.

Kenta: ❸Uh, is it a Christmas card?

Ms. King: ❹Yes.　❺This card was printed in 1843.　❻Can you read the name here?

Kenta: ❼I can't!

Ms. King: ❽"Henry Cole."　❾This card was sent by Henry Cole.

Bob: ❿And it was sent to his friend John.

Ms. King: ⓫Right.　⓬In the middle of the card, a family is celebrating Christmas. ⓭What are the people on the left and right doing?

Kenta: ⓮I got it!　⓯They are helping each other.

日本語訳

キング先生：❶見てください！　❷これはとても古いものです。

　　ケンタ：❸ええと，それはクリスマス・カードですか？

キング先生：❹そうです。❺このカードは1843年に印刷されました。❻ここの名前が読めますか？

　　ケンタ：❼読めません！

キング先生：❽「ヘンリー・コール」です。❾このカードはヘンリー・コールによって送られました。

　　　ボブ：❿そしてそれは彼の友達のジョンに送られました。

キング先生：⓫そのとおり。⓬カードの中央で，ある家族がクリスマスのお祝いをしています。⓭左側と右側にいる人たちは何をしていますか？

ケンタ：⓮わかりました！　⓯彼らは助け合っています。

解説

❷something very old は「とても古い何か［もの］」という意味です。very old がうしろから，something を説明しています。

❺〈be 動詞＋動詞の過去分詞形〉を「受け身」といい，「～され（てい）る」を表します。be 動詞の過去形 was を使った was printed は「印刷された」という意味になります。

❽カードの右下に印刷されている名前です。

❾sent は send（～を送る）の過去分詞形です（過去形と同じつづり）。was sent は受け身で，「送られた」という意味になります。「～（人など）によって」と言いたいときは，by ～ とします。カードの右下を見ると，From Henry Cole と差出人が書かれているのがわかります。

❿was sent to ～ は「～に（対して）送られた」という意味です。❾と❿の文から，This card was sent to his friend John by Henry Cole.（このカードはヘンリー・コールによって友達のジョンに送られました）ということがわかります。この受け身の文は，次の文の内容とほぼ同じです。Henry Cole sent this card to his friend John.（ヘンリー・コールはこのカードを友達のジョンに送りました）

⓬In the middle of ～ は「～の中央に」，is celebrating は現在進行形で「祝っている」という意味です。

⓭What で始まる現在進行形の疑問文です。主語は the people on the left and right（左側と右側にいる人々）です。

⓯現在進行形の文です。each other は「お互いに」の意味なので，help each other で「お互いを助ける」→「助け合う」という意味になります。

Words & Phrases

uh ［ア］	間 えー
□ Christmas ［クリスマス］	名 クリスマス
Christmas card	名 クリスマス・カード
□ **print(ed)** ［プリント（プリンティド）］	動 ～を印刷する
Henry Cole ［ヘンリ／コウル］	名 ヘンリー・コール（名・姓）
□ sent ＜ send ［セント ＜ センド］	動 send（～を送る）の過去分詞形
John ［ヂャン］	名 ジョン（男の人の名）
□ **middle** ［ミドル］	名〔空間的・時間的な〕中間
□ in the middle of ～	～の中央に
□ each other	お互いに

123

📖 Question

When was the card printed?

訳 そのカードはいつ印刷されましたか。

ヒント ❺の文を読み，受け身の文を使って答えましょう。

解答例 It was printed in 1843.（それは1843年に印刷されました）

🔑 Key Sentences

This card **was printed** in 1843.　　このカードは1843年に印刷されました。

This card **was sent by** Henry Cole. このカードはヘンリー・コールによって送られました。

▶〈be 動詞＋動詞の過去分詞形〉を「受け身」(受動態)といい，「～され(てい)る」の意味を表します。

▶「～(人など)によって」は by ～で表します。

🧰 Tool Kit

The song was <u>played by a famous pianist</u>.

訳 その歌は有名なピアニストによって演奏されました。

❶ The song was sung by junior high school students.

　　訳 その歌は中学生たちによって歌われました。

❷ The song was made in 1985.

　　訳 その歌は1985年につくられました。

❸ The song was recorded in Germany.

　　訳 その歌はドイツで録音されました。

語句

sung［サング］	動 sing((～を)歌う)の過去分詞形
made	動 make(～をつくる)の過去分詞形
recorded［リコーディド］	動 record(～を記録［録音］する)の過去分詞形

124

Listen

Listen Sho がクリスマスの日の家族の様子について話しています。どの順番に話しているか，[ ] に数字を書こう。

▶ Sho（ショウ）がどの順番に話しているか，主語とキーワードに注意しながら聞き取りましょう。

Think & Try!

次の文に自由に 2〜3 文加えて，本文で取り上げられているクリスマス・カードについて説明してみよう。

This is a Christmas card.

例 It was printed in 1843.
It was sent by Henry Cole.

日本語訳

これはクリスマス・カードです。

例 それは1843年に印刷されました。

それはヘンリー・コールによって送られました。

■) 語句のリズム

in the middle of the card

＊大きい丸の部分を強く発音します。全体をリズムよく発音してみましょう。

125

Part 2 | Goal | 写真について質問しよう。
アヤの持っている写真を，ボブがいっしょに見ています。

Bob: ❶ Was this photo taken in Osaka?

Aya: ❷ Yes. ❸ How did you know?

Bob: ❹ I see Osaka Castle in the photo. ❺ Are all those people Santas?

Aya: ❻ Yes. ❼ It's the Santa Run. ❽ People wear Santa costumes and run.

Bob: ❾ What is it for?

Aya: ❿ It's a charity event to support children in hospitals. ⓫ Gifts are bought with the participation fees.

Bob: ⓬ Are the gifts delivered by the runners?

Aya: ⓭ Exactly. ⓮ It's held all over the world now.

Bob: ⓯ Where was this event held first? ⓰ In Osaka?

Aya: ⓱ It was started in the U.K.

日本語訳

ボブ：❶この写真は大阪で撮（と）られたのかな？

アヤ：❷そうよ。❸どうしてわかったの？

ボブ：❹写真の中に大阪城が見えるよ。❺その人たちはみんなサンタクロース？

アヤ：❻そう。❼それはサンタ・ランよ。❽人々がサンタクロースの衣装を身につけて走るの。

ボブ：❾何のために？

アヤ：❿それは入院している子どもたちを支援するための慈善イベントよ。⓫参加費を使って贈りものが買われるの。

ボブ：⓬その贈りものはランナーたちによって届けられるの？

アヤ：⓭そのとおり。⓮それは今，世界中で行われているわ。

ボブ：⓯このイベントは最初どこで行われたのかな？ ⓰大阪で？

アヤ：⓱それはイギリスで始められたの。

解 説

❶「～されましたか」という受け身の疑問文です。疑問文は be 動詞を主語（this photo）の前に置いてつくります。taken は take の過去分詞形です。

❸この How ～ ? は，「どのようにして～，どうして～」と理由をたずねる文です。

❺主語は all those people（すべてのそれらの人々，その人たちみんな）です。

❾What ～ for? は「～は何のためですか」と目的をたずねる文です。

❿a charity event to support ～ は「～を支援するための慈善イベント」という意味で，to support がうしろから a charity event を説明しています(不定詞の形容詞的用法)。children in hospitals は「病院にいる[入院している]子どもたち」です。

⓫bought は buy の過去分詞形です（過去形と同じつづり）。are bought は受け身で，「買われる」という意味になります。with ～ は「～を使って」，participation fee は「参加費」です。

⓬「～されますか」という受け身の疑問文です。by ～ は「～によって」という意味でしたね。この文は，次の文の内容とほぼ同じです。Do the runners deliver the gifts? (ランナーたちはその贈りものを届けますか)

⓭exactly（正確に）という語が，「まさにそのとおりです」という返事として使われています。

⓮It's は It is の短縮形なので，is held で「行われ(てい)る(開かれ(てい)る)」という受け身になります。held は hold の過去分詞形です（過去形と同じつづり）。all over the world は「世界中で」の意味でしたね。

⓯Where で始まる受け身の疑問文です。「～はどこで行われましたか」という意味になります。

⓱started は start の過去分詞形なので，これも「始められた」という受け身の文です。

📕 Words & Phrases

□ taken < take ［テイクン < テイク］	動 take ((写真・ビデオを)撮る)の過去分詞形
Santa ［サンタ］	名 サンタクロース
Santa Run	名 サンタ・ラン
□ support ［サポート］	動 ～を支援する
□ participation ［パーティスィペイション］	名 参加
□ fee(s) ［フィー(ズ)］	名 料金
□ deliver(ed) ［ディリヴァ(ド)］	動 ～を届ける
□ runner(s) ［ゥラナ(ズ)］	名 ランナー，走者
held < hold ［ヘルド < ホゥルド］	動 hold ((大会・祭り)を開く)の過去分詞形
□ all over the world	世界中で
U.K. = United Kingdom	名 [the をつけて]イギリス(国名)

📖 Question

Where was the Santa Run held first?

訳 サンタ・ランは最初どこで行われましたか。

ヒント ⓱の文を見て答えましょう。

解答例 It was started in the U.K.
（それはイギリスで始められました）

127

🔑 Key Sentences

Was this photo **taken** in Osaka? この写真は大阪で撮られましたか。

Where was this photo **taken?** 　この写真はどこで撮られましたか。

▶受け身の疑問文は be 動詞を主語の前に置いてつくります。taken は take の過去分詞形です。

▶ **Where** で始まる受け身の文は，「どこで［に］〜されます［されました］か」という意味です。

📦 Tool Kit

Is this computer <u>made in Japan</u>? — Yes, it is. / No, it isn't.

訳 このコンピューターは日本でつくられますか［日本製ですか］？

　はい，そうです。／いいえ，そうではありません。

▶ made は make の過去分詞形です。

例 made in Japan　❶ sold in many countries　❷ used by Amy　❸ imported from America

sold　sell(〜を売る)の過去分詞形　　　　import　輸入する

❶ Is this computer sold in many countries? — Yes, it is. / No, it isn't.

　訳 このコンピューターは多くの国で売られていますか。

　　— はい，そうです。／いいえ，そうではありません。

❷ Is this computer used by Amy? — Yes, it is. / No, it isn't.

　訳 このコンピューターはエイミーによって使われますか。

　　— はい，そうです。／いいえ，そうではありません。

❸ Is this computer imported from America? — Yes, it is. / No, it isn't.

　訳 このコンピューターはアメリカ合衆国から輸入されますか。

　　— はい，そうです。／いいえ，そうではありません。

語句

sold［ソゥルド］　　　　　　　動 sell（〜を売る）の過去分詞形

used［ユーズド］　　　　　　　動 use（〜を使う）の過去分詞形

imported［インポーティド］　動 import（〜を輸入する）の過去分詞形

🎧 Listen

Listen　会話を聞いて，内容に合う絵をそれぞれ選び，記号を〇で囲もう。

(1) Ⓐ MADE IN JAPAN　Ⓑ MADE IN CHINA

(2) Ⓐ HOLLYWOOD　Ⓑ

(3) Ⓐ　Ⓑ

▶ 会話を聞く前に，Ⓐ と Ⓑ の絵の違いを確かめておきましょう。受け身の文〈be 動詞＋動詞の過去分詞形〉（〜される，〜されている）に注意して聞き取りましょう。

💭 Think & Try!

サンタ・ランについて，次のやりとりをしてみよう。答える側の人は，教科書を見ながら 3〜4 文で説明しよう。

A: What is the Santa Run?

B: _____

例 It's a charity event to support children in hospitals.

日本語訳

A：サンタ・ランとは何ですか？

B：_____

例　それは入院している子どもたちを支援するための慈善イベントです。

▶ to support はうしろから前の名詞 event を説明する不定詞（形容詞的用法）で，「支援するための」という意味です。

➡教科書 p.82

Goal 記事を読んで，自分の経験や感想などについて伝えよう。
ボブが，クラス新聞の記事を書きました。

❶Money Should Be Spent Wisely

❷Not only at the end of the year but throughout the year, a lot of money is collected to help people in need. ❸For example, when a natural disaster occurs, money is donated to others in need. ❹Money should be spent wisely.

日本語訳

❶お金は賢明（けんめい）に使われるべきだ

❷年末だけでなく１年中ずっと，困っている人々を助けるために多くのお金が集められます。
❸たとえば，自然災害が起こると，困っているほかの人々にお金が寄付されます。❹お金は賢明に使われるべきです。

解説

❶should は「～すべきだ」，spent は spend（(お金)を使う）の過去分詞形なので，should be spent で「(お金が)使われるべきだ」という受け身の意味になります。money は数えられない名詞で単数の扱（あつか）いです。この文は，We [You] should spend money wisely.（私たちは[人は]お金を賢明に使うべきです）を受け身の文にしたものです。

❷Not only ～ but ... で「～だけでなく…も」という意味を表します。この文では，「～」に at the end of the year（年の終わりに，年末に），「...」に throughout the year（１年中ずっと）が使われています。is collected は「集められる」という意味の受け身，to help ～ は「～を助けるために」と目的を表す不定詞です。people in need は「(助けを)必要としている人々」→「困っている人々」を表します。長い文ですが，中心は a lot of money is collected（多くのお金が集められる）ということです。

❸どんなときにお金が集められるのかを，例をあげて説明しています。occur は「起こる」という意味の動詞です。donated は donate（～を寄付する）の過去分詞形なので，is donated で「寄付される」という受け身の意味になります。to others in need は「困っている他人に（対して）」という意味で，others は other people（ほかの人々）のことです。

📖 Words & Phrases

- □ **money** [マニ]　名 お金
- □ spent < **spend** [スペント<スペンド]　動 spend（(お金)を使う）の過去・過去分詞形
- □ wisely [ワイズリ]　副 賢明に
- □ not only ～ but ...　～だけでなく…も
- □ **end** [エンド]　名 終わり，結末
- □ at the end of ～　～の最後に
- □ throughout [スルーアウト]　前 ～の間中ずっと
- □ **collect**(ed) [カレクト(カレクティド)]　動 ～を集める
- □ disaster [ディ**ザ**スタ]　名 災害
- □ occur(s) [オ**カ**ー(ズ)]　動 起こる
- □ donate(d) [ドゥネイト(ドゥネイティド)]　動 ～を寄付する

🔑 Key Sentence

Money **should be spent** wisely.　お金は賢明に使われるべきです。

▶「～されるべきだ」という受け身の文は〈should be + 動詞の過去分詞形〉を使って表します。

▶例文 = We [You] should spend money wisely.「私たちは [人は]お金を賢明に使うべきです」

🎧 Listen

Listen 会話を聞いて，内容に合うものをそれぞれ○で囲もう。
1. いつ撮られた写真か（10月 ／ 11月 ／ 12月）
2. 募金はいくら集まったか（35,800円 ／ 38,500円）
3. 募金はだれのために使われるか（子ども ／ 高齢者）

▶会話を聞く前に，（　　）内の選択肢を見ておくとよいでしょう。こまめにメモを取りながら正確に聞き取りましょう。

🔊 音のつながり

They had_to spend the money by 5:00 p.m. that_day.

[ゼイ　ハトゥ　スペンド　ザ　**マ**ニ　バイ　**ファ**イヴ　ピーエム　**ザ**(ッ)ディ]

（彼らはその日の午後5時までにそのお金を使わなければなりませんでした）

131

❶In 2011 an American professor did an experiment. ❷He gave students five dollars each. ❸They had to spend the money by 5:00 p.m. that day. ❹Each student was called that night and asked two questions. ❺"How did you spend the money?" ❻"How happy do you feel now?" ❼The results were surprising. ❽When they spent the money on themselves, the students felt as happy as before. ❾But when the money was spent on someone else, the students felt much happier.

❿By giving we can become happier, and giving can be done by anyone.

日本語訳

❶2011年に，あるアメリカ人の教授がある実験をしました。❷彼は生徒たちに５ドルずつ与えました。❸彼らはその日の午後５時までにそのお金を使わなければなりませんでした。❹それぞれの生徒はその夜に電話をかけられ，２つの質問をされました。❺「あなたはお金をどのように使いましたか。」❻「あなたは今，どれくらい幸せに感じていますか。」❼その結果は驚くべきものでした。❽自分のためにお金を使ったとき，その生徒たちは以前と同じくらい幸せに感じました。❾しかしそのお金がほかのだれか［他人］のために使われたとき，その生徒たちはずっと幸せに感じたのです。

❿与えることによって，私たちはより幸せになることができ，与えることはだれにでもできることなのです。

解 説

❶did an experiment は「ある実験をした」という意味です。

❷〈gave ＋ 人＋もの〉で「（人）に（もの）を与えた」という意味を表します。each は「それぞれ」で，five dollars each は「５ドルずつ」ということです。

❸had to ～ は「～しなければならなかった」，by 5:00 p.m. は「午後５時までに」（期限），that day（その日）は，実験をした日（＝生徒に５ドルずつ与えた日）をさします。

❹主語の〈Each ＋ 名詞〉は単数として扱います。was called は受け身で「電話をかけられた」，and（was）asked も受け身で「たずねられた」ということです。

❺How ～？は「どのように～」と方法をたずねる文です。

❻How happy ～？は「どれくらい幸せな～」と程度をたずねる文です。

❼result は「結果」，surprising は「驚くべき，意外な」という意味です。

❽they は生徒たちをさします。spent the money on themselves は「そのお金を彼ら自身に使った」→「そのお金を自分のために使った」ということです。felt as happy as before は「以前と同じくらい幸せに感じた」→「幸せな感じは特に変わらなかった」ということです。

❾was spent は受け身で「使われた」，someone else は「ほかのだれか」→「他人」という意味です。But when the money was spent on someone else は，But when they spent the money on someone else（しかし彼らがそのお金をほかのだれか［他人］のために使ったとき）と言いかえることができます。happier は happy の比較級で，much happier は「ずっと幸せな」ということです。

❿By giving は「与えることによって」，can be done は受け身で「なされることができる」，by anyone は「だれによっても」という意味です。〈can be + 動詞の過去分詞形〉に注意しましょう。

📖 Words & Phrases

☐ **American**［アメリカン］　形 アメリカの
☐ professor［プロフェサー］　名 教授
☐ experiment［イクスペリメント］　名 実験
☐ **dollar(s)**［ダラ（ズ）］　　名 ドル
☐ **result(s)**［ゥリザルト（ゥリザルツ）］　名 結果
☐ **themselves**［ゼムセルヴズ］
　　　代 それら自身，彼ら自身，彼女ら自身

☐ felt < feel［フェルト < フィール］
　　　動 feel（（〜を）感じる）の過去形
☐ **before**［ビフォー］　副 以前に
☐ **else**［エルス］　　副 ほかの［に］
　　someone else　　だれかほかの人
☐ **done**［ダン］< do
　　　動 do（〜をする，行う）の過去分詞形
☐ **anyone**［エニワン］　　代 だれでも

📖 Question

How should money be spent?
訳　お金はどのように使われるべきですか。
ヒント　❾の文を参考にして答えましょう。
解答例　It should be spent on someone else.
　　　　（お金はほかのだれか［他人］のために使われるべきです）

✲ Think & try!

次の文に自由に1文以上加えて，人に何かをしてあげる経験について書いてみよう。
By giving we can become happier, and giving can be done by anyone.

_____

_____

例 We donate money to UNICEF at school.
　 When I helped my friend, I felt happy.

語句
UNICEF
名 ユニセフ，国連児童基金

日本語訳
与えることで，私たちはより幸せになることができ，与えることはだれにでもできることです。
例　私たちは学校でユニセフにお金を寄付します。　友達を助けたとき私は幸せに感じました。

133

📖 本文の内容に合うように，（　　　）内に適切な語を書こう。

The Santa Run is a charity event. Gifts ¹(　　　)(　　　) with the participation fees and are delivered by the runners. Now the event ²(　　　)(　　　) all over the world.

A lot of money ³(　　　)(　　　) to help people in need. This money should be ⁴(　　　)(　　　). An experiment was done by an ⁵(　　　)(　　　). He ⁶(　　　) his students money and they had to spend it. Some spent it on themselves and others spent it on ⁷(　　　)(　　　). When they spent it on someone else, they felt much happier. We can become happier by giving, and giving can ⁸(　　　)(　　　) by anyone.

解答と解説

1 (are bought) 　「(贈りものが) 買われる」という受け身になります。Gifts は複数形です。with 〜 「〜を使って」

2 (is held) 　「(そのイベントが) 行われる」という受け身になります。

3 (is collected) 　「(多くのお金が) 集められる」という受け身になります。A lot of money は単数扱いです。

4 (spent wisely) 　「賢明に使われる (べきだ)」という受け身の文になります。

5 (American professor) 　「アメリカ人教授 (によって)」という意味になります。

6 (gave) 　「(彼の生徒たちにお金を) 与えた」という過去の文になります。

7 (someone else) 　「ほかのだれか，他人」の意味を表す2語が入ります。

8 (be done) 　「(だれによっても) なされる (ことができる)」という受け身になります。

日本語訳

　サンタ・ランは慈善イベントです。参加費を使って贈りものが買われ，ランナーたちによって届けられます。今，そのイベントは世界中で行われています。

　困っている人々を助けるために多くのお金が集められます。このお金は賢明に使われるべきです。ある実験が，あるアメリカ人教授によって行われました。彼は彼の生徒たちにお金を与え，彼らはそれを使わなければなりませんでした。自分のために使った者もいれば，ほかのだれかのために使った者もいました。それをほかのだれかのために使ったとき，彼らはずっと幸せに感じました。私たちは与えることによってより幸せになることができ，与えることはだれにでもできることなのです。

Task

➡教科書 p.84

■日本語訳を参考にしてみよう。

🎧／　Pedro と Mr. Kato がブラジルのクリスマスについて話しています。2人の会話を聞き，
✏　〔And More Words〕の語句を参考にして，ブラジルのクリスマスについて表にまとめよう。

	Brazil	Japan
Food		Christmas cake
Parties	or	at home
Season		winter
Santa Claus	and	a red suit

語句

parties 　　　　　名 party（パーティー）の複数形
suit［スュート］名（ある目的のための）衣服

日本語訳

	ブラジル	日　本
食べもの		クリスマス・ケーキ
パーティー	か	家で
季節		冬
サンタクロース	と	赤い衣服

📖 **And More Words**

Christmas cake　クリスマス・ケーキ　　parties < party　パーティー　　Santa Claus　サンタクロース
suit　（ある目的のための）衣服　　decoration(s)　装飾物　　panettone　パネトーネ（パンの名前）　　dry fruits　ドライフルーツ
beach　浜辺　　short-sleeved shirt　半袖シャツ　　shorts　短パン　　surfing　サーフィン

■日本語訳を参考にしてみよう。

A: ❶These books are read in many countries in the world.

B: ❷Who were these books written by?

A: ❸These were written by Murakami Haruki.　❹ His books can be read in many languages.

日本語訳

A：❶これらの本は世界の多くの国で読まれ（てい）ます。

B：❷これらの本はだれによって書かれたのですか。

A：❸これらは村上春樹によって書かれました。❹彼の本は多くの言語で読まれることができます［読めます］。

1. 「…は〜される」「…は〜されている」のような表現を伝えるとき……❶，❸

English **is used** in many countries in the world.

　　　　　　　　　　　　　　　　　訳 英語は世界の多くの国で使われ（てい）ます。

This song is loved **by** many people.　訳 この歌は多くの人に（よって）愛されています。

（= Many people love this song.)　　訳 多くの人がこの歌を愛しています。

2. 「…は〜されますか」「…は〜されていますか」などと質問するとき……❷

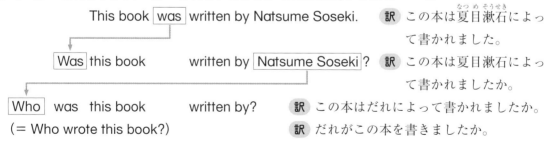

This book was written by Natsume Soseki.　訳 この本は夏目漱石によって書かれました。

Was this book written by Natsume Soseki?　訳 この本は夏目漱石によって書かれましたか。

Who was this book written by?　　　訳 この本はだれによって書かれましたか。

（= Who wrote this book?)　　　　　　訳 だれがこの本を書きましたか。

3. 「〜されるべきだ」「〜されることが可能だ」などを伝えるとき……❹

Mt. Fuji **can be seen** from here in winter.

　　訳 富士山は冬にここから見られることができます［見えます］。

This chair **should be used** in many places.

　　訳 このいすは多くの場所で使われるべきです。

This fact **will be known** to many people soon.

　　訳 この事実はすぐに多くの人に知られるでしょう。

語句

written［リトン］　動 write（〜を書く）の過去分詞形

seen［スィーン］　動 see（〜を見る，〜が見える）の過去分詞形

fact［ファクト］　名 事実

known［ノゥン］　動 know（（〜を）知っている）の過去分詞形

解説

1. 過去分詞形のつくり方

▶ (e)d をつけて過去形にする動詞（規則動詞）では，過去分詞形も (e)d をつけるだけです。

　例　play – played – played　　help – helped – helped　　use – used – used

　＊（現在形）−（過去形）−（過去分詞形）の順で示しています。

▶〈子音字 + y〉で終わる語の場合は，y を i に変えて ed をつけます。

　例　study – studied – studied

▶〈短母音 + 1 子音字〉で終わる語の場合は，子音字を重ねて ed をつけます。

　例　occur – occurred – occurred

▶過去形・過去分詞形のつづりが変わる動詞（不規則動詞）では，いろいろなつづりになります。

　例　send – sent – sent　　make – made – made　　buy – bought – bought

　　　sing – sang – sung　　take – took – taken

　＊ p.218〜219の不規則動詞変化表を参考にしてみよう。

2. 受け身の文の書きかえ例

• The song **was sung** by them.　訳 その歌は彼らによって歌われました。

　→ They **sang** the song.　訳 彼らはその歌を歌いました。

• Who **was** this photo **taken** by?　訳 この写真はだれによって撮られましたか。

　→ Who **took** this photo?　訳 だれがこの写真を撮りましたか。

• What **is** this fish **called** in English?　訳 この魚は英語で何と呼ばれますか。

　→ What do you [they] **call** this fish in English?

　　訳 あなた［彼ら］はこの魚を英語で何と呼びますか。

137

行ってみたい名所を紹介しよう！

■日本語訳を参考にしてみよう。

I want to climb Mt. Fuji someday. It is located between Shizuoka and Yamanashi. It is the highest mountain in Japan. It is 3,776 meters high. It became a World Cultural Heritage Site on June 22, 2013. There are many sightseeing spots around Mt. Fuji, so it is very crowded throughout a year, especially in summer. We can enjoy hot springs at the base of Mt. Fuji. Mt. Fuji is a symbol of Japanese beauty.

日本語訳

　私はいつか富士山に登りたいです。それは静岡と山梨の間に位置しています。それは日本でいちばん高い山です。それは3,776メートルの高さです。それは2013年6月22日に世界文化遺産になりました。富士山の周辺には観光名所がたくさんあるので，1年中，特に夏はとても混雑しています。私たちは富士山のふもとで温泉を楽しむことができます。富士山は日本の美の象徴です。

語句

between 〜 and ...	〜と…の間に［の］
the highest mountain	いちばん高い山
sightseeing spot	観光名所
around 〜	前 〜の周りに［の］
crowded	形 混んでいる
especially	副 特に
hot spring	温泉
symbol	名 象徴

＊教科書の 🔖 **And More Words** も参考にしよう。

■教科書の英文と日本語訳を比べてみよう。

What Place do You Want to Visit? あなたはどんな場所を訪れたいですか。

沖縄（日本）

　沖縄には日本でいちばん大きな水族館があります。美ら海水族館には世界で3番目に大きな水槽があります。それは2002年につくられました。それは「黒潮の海」水槽と呼ばれ，その容量は7,500トンです。私たちはその中で巨大なジンベイザメを見ることができます。

長崎（日本）

　長崎は九州の北部に位置します。「長崎くんち」と呼ばれる祭りがあります。それは毎年，10月7日から9日まで開かれ，多くのわくわくする演技を見ることができます。長崎では夜景と大きなテーマパークを楽しむこともできます。

アユタヤ（タイ）

　それはタイの首都であるバンコクの北部に位置します。日本から7時間かかります。それは1991年に世界遺産になりました。それは昔，アユタヤ王国の首都でした。

　そこには歴史的に価値のある遺跡がたくさんあります。その遺跡を見ながらゾウに乗って楽しむこともできます。タイには4,500頭以上のゾウがいます。

ビクトリアの滝（ジンバブエとザンビア）

　それはジンバブエ共和国とザンビア共和国の間に位置しています。それは世界で最も大きな滝の1つです［世界最大級の滝です］。幅は1,708メートル，高さは108メートルです。滝の端まで泳ぐことができます。それは「悪魔のプール」と呼ばれています。

ベニス（イタリア）

　それはイタリアの北東部に位置します。それは運河によって118の小島に分けられています。それらは400を超える橋でつながっています。それは「水の都」として知られています。そこではイカ墨のパスタを食べることができます。それは見た目はよくないかもしれませんが，おいしいものです。

ウユニ塩湖（ボリビア）

　それはボリビアの南東部に位置します。3,700メートルの高さです。それは世界最大の塩原です。塩原とは，塩とそのほかの鉱物によっておおわれた大地のことです。そこで美しい写真を撮ることができます。その近くに塩でできたホテルがあります。

Reading ❷

Stone Soup　石のスープ

戦争帰りの３人の兵士が故郷に向かいます。途中，疲労と空腹からある村に立ち寄ります。さて，村人の反応は…。

➡教科書 p.90

　❶Three soldiers walked into a village.　❷They were on their way home from the wars.　❸They were tired and very hungry, but the villagers were afraid of strangers.

　❹The villagers said, "Soldiers are always hungry.　❺We have little enough for ourselves."　❻They hid all their food.

日本語訳

　❶３人の兵士がある村に足を踏み入れました。❷彼らは戦争から家に帰る途中でした。❸彼らは疲れていて，とても空腹でしたが，村人たちは見知らぬ人たちを怖がっていました。

　❹村人たちは「兵士たちはいつも空腹だ。❺私たちは，自分たちの分さえ足りない」と言いました。❻彼らは自分たちの食べものをすべて隠しました。

解説

❶walked into 〜 は「〜の中に歩いて入った，〜に足を踏み入れた」ということです。

❷on their way home は「彼らの家［故郷］への道で」→「家［故郷］に帰る途中で」という意味です。

　参考 I saw Bill on my way home.「私は帰宅途中にビルを見かけました。」

wars と複数形になっているのは，いくつかの戦争に参加したからです。

❸They は Three soldiers（3人の兵士）をさします。were tired and very hungry は「疲れていてとても空腹だった」，be afraid of 〜 は「〜を恐れ（てい）る」，stranger は「見知らぬ人」という意味です。

参考 strange 形奇妙な，不思議な，見知らぬ

❺We は The villagers（村人たち）をさします。a のつかない little は「（量が）少ししかない」と否定を表すので，little enough「量が十分にはない」→「量が足りない」という意味になります。

❻hid は hide（〜を隠す）の過去形です。all their food（彼らの食べもののすべて）の語順に注意しましょう。

📔 Words & Phrases

☐ soldier(s)［ソウルヂャ（ズ）］　　名兵士
☐ on their way home　　　　　　帰る途中で
☐ war(s)［ウォー（ズ）］　　　　名戦争
☐ villager(s)［ヴィリヂャ（ズ）］　名村人
☐ ourselves［アウアセルヴズ］　　代私たち自身
☐ hid < hide［ヒド < ハイド］　　動hide（〜を隠す）の過去形

📖 Question

What did the villagers do when the soldiers walked into the village?

訳 兵士たちが村に足を踏み入れたとき，村人たちは何をしましたか。

ヒント ❻の文を見て答えましょう。

解答例 They hid all their food.（彼らは彼らの食べものをすべて隠しました）

141

➡教科書 p.91

❶ The soldiers stopped at one house after another and asked for food, but the villagers' answer was always the same. ❷ They all said, "We don't have any food."

❸ The three soldiers talked together. ❹ Then a soldier called out, "Good people! ❺ You have no food. ❻ Well then, we'll just make stone soup." ❼ The villagers all looked at the soldiers. ❽ "Stone soup?"

⬤ 日本語訳

❶ 兵士たちは家につぎつぎに立ち寄って食べものを求めましたが，村人たちの答えはいつも同じでした。❷ 彼らはみな，「私たちにはまったく食べものがありません」と言いました。

❸ 3人の兵士は話し合いました。❹ それから一人の兵士が，「諸君！ ❺ あなたたちには食べものがまったくない。❻ それなら，私たちが今から石のスープをつくろう」と叫びました。❼ 村人たちはみな，兵士たちを見ました。❽「石のスープだって？」

⬤ 解 説

❶ stopped at ～ は「～に立ち寄った」，one house after another は「家をつぎつぎに」，asked for ... は「…を求めた［要求した］」という意味です。つまり，兵士たちは「～に立ち寄って…を求めた」となります。villagers' は「村人たちの」です。s で終わる複数形に「～の」を表すアポストロフィー（'）をつけるときは，～s's とするのではなく ～s' とします。the same は「同じもの」という意味です。

❷ ❶の the same「同じもの」の内容が We don't have any food. という答え［返事］です。not ～ any ... で「…をまったく［少しも］～ない」という意味を表します。この文は，We have no food. と言いかえることができます。

❸talked together (いっしょに話した) とは,「話し合った,打ち合わせをした」ということです。3人が食べものを手に入れるための作戦を相談しているのです。

❹then (それから,その後) のあとを少し区切って読みます。called out は「叫んだ」という意味,"Good people!" は村人たちへの呼びかけです。

❺no を名詞の前に置くと,「～が（まったく）ない」の意味になります。この文は You don't have any food. と言いかえられます。

❻未来の文です。we'll は we will の短縮形で,we'll ～ で「私たちは～しよう」と意志を表しています。then は「それならば」→「あなたたちが食べものをまったく持っていないならば」ということです。just は「たった今,今から」という意味です。

❼The villagers all「村人たちはみな」という意味で,All (of) the villagers と言っても同じです。

📖 Words & Phrases

☐ one ～ after another 　～を次々に
☐ ask for ～ 　　　　　　～を求める
☐ **together** [トゲザ] 　　副 いっしょに
☐ call out 　　　　　　　叫ぶ,声をかける
　 we'll [ウィル] ← we will

📖 Question

Did the villagers give any food to the soldiers?

訳 村人たちは兵士たちに食べものを与えましたか。

ヒント ❶と❷の文を見て答えましょう。

解答例 No, they didn't. (いいえ,与えませんでした)

❶ "First we'll need a large pot," the soldiers said. ❷ The villagers brought a very large pot. ❸ The soldiers filled it with water and heated it up. ❹ Then they found three large stones and put them into the pot. ❺ They also put in salt and pepper and said, "Stones like these make good soup, but with carrots and cabbages, it will taste even better." ❻ Villagers brought them some carrots and cabbages.

❼ "Beef and potatoes will make the most wonderful dinner out of this soup." ❽ The villagers brought their potatoes and beef right away.

日本語訳

❶「最初に，大きな深鍋が必要だ」と兵士たちは言いました。❷村人たちはとても大きな深鍋を持ってきました。❸兵士たちはそれを水で満たし，温めました。❹それから彼らは3つの大きな石を見つけ，それらを深鍋に入れました。❺彼らはまた，塩とコショウを入れて，「このような石があればおいしいスープができるが，ニンジンとキャベツがあれば，いっそうおいしくなるだろう」と言いました。❻村人たちは彼らに，ニンジンとキャベツをいくらか持ってきました。

❼「牛肉とジャガイモがあれば，このスープは最もすばらしいディナーになるだろう」❽村人たちはすぐに彼らのジャガイモと牛肉を持ってきました。

解 説

❶「～を必要とするだろう」という未来の文です。「～が必要です」「～が必要になります」と訳すと，自然な日本語になります。

❷brought は bring（～を持ってくる）の過去形です。

❸filled ～ with ... は「～を…で満たした」，heated ～ up は「～を加熱した[温めた]」の意味です。2つの it は a very large pot（とても大きな深鍋）をさしています。

❹Then（それから，その後）のあとと and の前を，少し区切って読みます。found は find（～を見つける）の過去形です。put ～ into ... は「～を…に入れる」という意味ですが，この文の put は過去形であることに注意しましょう（put は原形・過去形・過去分詞形が同じつづり）。them（それらを）は three large stones をさしています。

❺put in ～ は「～を入れる」ですが，この put も過去形です。Stones like these は「これら

のような石」で，like は「〜のような」という意味の前置詞，また these は three large stones
をさしています。make は「〜をつくる」ですが，「…があれば〜ができる」と考えればよいで
しょう。but のあとの with 〜 は「〜で，〜を使えば」と材料を表します。it は soup をさし，
taste even better は「いっそうおいしい味がする」という意味です。even は「いっそう」の
意味で，good（おいしい）の比較級 better を強調しています。but 以下をふつうの語順になお
すと，it will taste even better with carrots and cabbages（ニンジンとキャベツがあれば，
それはいっそうおいしい味がするでしょう）となります。

❻brought は bring の過去形です。〈bring ＋ 人＋もの〉で「（人）に（もの）を持ってくる」の意
味を表します。「人」は them で，the soldiers をさします。「もの」は some carrots and cabbages
です。

❼これは兵士たちのことばです。Beef and potatoes will make 〜 out of .... は「牛肉とジャガ
イモは…から［…で］〜を作り上げるだろう」という意味ですが，「牛肉とジャガイモがあれば，
…は〜になるでしょう」と考えるとわかりやすいでしょう。most wonderful は wonderful の
最上級です。なお，beef は数えられない名詞なので，beefs とはしません。

❽right away は「すぐに」という意味です。

📖 Words & Phrases

□ **large**［ラーヂ］	形 大きな
□ **fill(ed)**［フィル（ド）］	動 〜をいっぱいに満たす
□ fill 〜 with ...	〜を…で満たす
□ **heat(ed)**［ヒート（ヒーティド）］	動 〜を温める
□ heat 〜 up	〜を加熱する，温める
□ **found** < find［ファウンド < ファインド］	動 find（〜を見つける）の過去形
□ **salt**［ソールト］	名 塩
□ pepper［ペパ］	名 こしょう
□ **taste**［テイスト］	動 〜の味がする
□ make 〜 out of ...	…から〜を作り上げる

📖 Question

What kind of vegetables did the villagers bring?

訳 村人たちはどんな種類の野菜を持ってきましたか。

ヒント ❻と❽の文を見て答えましょう。

解答例 They brought some carrots, cabbages and potatoes.

（彼らはニンジン，キャベツ，ジャガイモを持ってきました）

➡教科書 p.93

❶ "And," said the soldiers, "a little milk will be nice. ❷ The king asked for soup like that at a dinner with us."

❸ The villagers looked at each other. ❹ The soldiers knew the king himself! ❺ Of course they brought their milk. ❻ At last the soup was ready.

❼ "Everyone, let's eat," the soldiers said. ❽ Then the villagers said, "Wait! ❾ We need some bread and some drinks."

日本語訳

❶「それと」と兵士たちは言いました,「牛乳が少しあればいいのだが。❷王様は私たちとのディナーでそのようなスープをお求めになったぞ」。

❸村人たちは顔を見合わせました。❹兵士たちは王様ご本人を知っていた。❺もちろん彼らは牛乳を持ってきました。❻ついにスープの用意ができました。

❼「皆さん,さあ食べましょう」と兵士たちは言いました。❽すると村人たちは,「待ってください！　❾私たちにはパンと飲みものが必要です」と言いました。

解 説

❶a little milk will be nice は「少しの牛乳がよいだろう」→「牛乳が少しあればいいのだが」と考えます。

参考 That will be nice.「それが〔そうするのが〕いいでしょう」

❷asked for ～ は「～を求めた」, soup like that は「そのようなスープ」で,牛乳の入ったスープをさします。at a dinner with us は「私たちとのディナーで」ということですが,これはもちろん大嘘です。

❸「お互い(each other)を見た」とは,「顔を見合わせた」ということです。

❹これは村人たちが心の中で思ったことです。knew は know の過去形です。the king himself

146

の himself は強調で,「王様ご自身［ご本人,その人］」ということです。

❺Of course は「もちろん」という意味です。they は the villagers をさします。

❻At last は「ついに,とうとう」,ready は「準備［用意］ができた」という意味です。

参考 Everything is ready for the party.「パーティーの準備はすべてできています。」

❽bread（パン）は数えられない名詞なので some のあとでも複数形の s はつきません。drinks は drink（飲みもの）の複数形で,some drinks で数種類の飲みものを表します。

📖 Words & Phrases

□ **knew** < know［ニュー < ノゥ］ 動 know（（～を）知っている）の過去形

📖 Question

Did the villagers believe that the soldiers knew the king?

訳 村人たちは,兵士たちは王様を知っていると信じましたか。

ヒント ❸～❺の文を見て考えましょう。

解答例 Yes, they did.（はい,信じました）

Practice ✎

----

❶Soon everyone sat down to dinner.　❷They ate and drank and ate and drank.
❸They danced and sang until midnight.

　❹Then the three soldiers asked, "Are there any beds for us tonight?"　❺"Sure
there are!" said the villagers.

　❻So the soldiers slept in three nice houses
that night.　❼In the morning all the villagers
came out and said goodbye.　❽"Many thanks,"
they said.　❾"We will never go hungry.　❿We
can always make stone soup."

　⓫"Right!" said the soldiers.　⓬"Goodbye!"

(Marcia Brown, *STONE SOUP* より)

日本語訳

❶やがてみんなはディナーの席につきました。❷彼らはおおいに食べ，おおいに飲みました。
❸彼らは真夜中まで踊り，歌いました。

　❹それから３人の兵士たちは，「今夜，私たちのためのベッドがあるかな？」とたずねました。
❺「もちろんあります！」と村人たちは言いました。

　❻それで兵士たちはその夜，３つのすてきな家で眠りました。❼朝，村人たちは全員外に出て
きて，別れのあいさつを言いました。❽「本当にどうもありがとう」と彼らは言いました。❾「私
たちは決して空腹にならないでしょう。❿私たちはいつでも石のスープをつくることができま
す」と言いました。

　⓫「そのとおり！」と兵士たちは言いました。⓬「さようなら！」

解 説

❶Soon は「じきに，やがて」という意味です。sat は sit の過去形です。sat down で「すわっ
た」，sat down to dinner で「ディナーの席についた」という意味です。

❷ate は eat の過去形，drank は drink の過去形です。「食べて飲み，そして食べて飲んだ」と
は「おおいに食べて飲んだ」ということです。同じ語句を繰り返して強調しています。

❸sang は sing の過去形です。until ~ は「~まで」と期限を表します。midnight は夜の12時
（午前０時）のことです。

❹Then は「それから」という意味です。Are there any beds ~ ? は，There are some beds
~ . を疑問文にしたものです。for us（私たちのための）の us は兵士たちをさします。

❺Yes の代わりに，Sure（もちろん）を使って答えています。

❻So は「それで，だから」と結果を表します。slept は sleep の過去形です。in three nice houses は眠った場所を表しています。

❼In the morning のあとを少し区切って読みます。came out は「外に出てきた」，said goodbye は「さようなら［別れのあいさつ］を言った」という意味です。

❽Many thanks. はお礼のことばで，thanks は thank（感謝）の複数形です。Many thanks. は Thank you very much. よりもくだけた表現です。

❾未来の文です。will never ～ で「決して～しないでしょう」という意味を表します。go hungry は「空腹になる，飢える」です。

❿これが，村人たちが❾のように言った理由です。

⓫Right! は兵士たちのことばで，「そのとおり」ということです。

⓬これも兵士たちのことばです。

📖 Words & Phrases

□ drank < drink［ドランク < ドリンク］	動 drink（～を飲む）の過去形
□ sang < sing［サング < スィング］	動 sing（（～を）歌う）の過去形
□ **midnight**［ミドナイト］	名 夜の12時
□ **tonight**［トナイト］	副 今夜
□ come out	出てくる
□ Many thanks.	本当にどうもありがとう。

📖 Question

Why did the villagers thank the soldiers?

訳 なぜ村人たちは兵士たちに感謝しましたか。

ヒント ❽～❿の文にその理由が書かれています。Because ～ . の文で答えましょう。

解答例 Because the soldiers taught them how to make stone soup.

（なぜなら兵士たちは彼らに石のスープのつくり方を教えてくれたからです）

Comprehension Check

村人たちの気持ちの移りかわりに合わせて，（　）に番号を書こう。
　楽しい　（　）　警戒（けいかい）（　）　不可解　（　）　感謝　（　）

解答

「楽しい」　（ 3 ）➡教科書 p.94，1～2行目

「警戒」　　（ 1 ）➡教科書 p.90，3行目

「不可解」　（ 2 ）➡教科書 p.91，6～7行目

「感謝」　　（ 4 ）➡教科書 p.94，7行目

Enjoy *rakugo* in English!
英語で落語を楽しみましょう。

Do you know about *rakugo*?
あなたは落語について知っていますか。

➡教科書 pp.96−97

Part 1

 Goal 知っていることや知らないことについて伝えよう。
落語家の桂かい枝さんについて，アヤとボブが話をしています。

Aya: ❶ Mr. Katsura Kaishi is coming to our school.

Bob: ❷ Really?　❸ He performs *rakugo* in English, right?　❹ Do you know when he's coming?

Aya: ❺ Next Monday.　❻ Did you know that he went to many countries to perform *rakugo*?

Bob: ❼ I wonder how many countries he visited.　❽ More than that, I want to know which *rakugo* he is going to tell us.

Aya: ❾ You know some *rakugo* stories?

Bob: ❿ *Jugemu, Tokisoba, Manju Kowai....*

Aya: ⓫ I don't even know what kinds of stories they are.
⓬ I didn't know how much you are into *rakugo*!

日本語訳

アヤ：❶桂かい枝さんが私たちの学校にやって来るのよ。

ボブ：❷本当？　❸彼は英語で落語を演じるよね？　❹彼がいつ来るか，知ってる？

アヤ：❺今度の月曜日。❻あなたは彼が落語を演じるために多くの国に行ったことを知ってた？

ボブ：❼彼は何か国を訪れたのかなあ。❽それよりも，彼がどの落語をぼくたちに語るつもりか知りたいな。

アヤ：❾あなたは落語の話をいくつか知ってるのね？

ボブ：❿寿限無，時そば，まんじゅう怖い…。

アヤ：⓫私はそれらがどんな種類の話かさえ知らないわ。⓬あなたがそれほど落語にはまっているなんて，知らなかった！

解説

❶is coming という現在進行形が「やって来る」という未来の予定を表しています。

❸in English は「英語で」の意味です。～, right? は「～ですよね」と確認する表現です。

❹Do you know ～ ?（あなたは～ということを知っていますか）という文の「～」に When is he coming?（彼はいつ来ますか）という疑問文を入れると，know のあとが〈疑問詞（when）＋主語＋動詞〉の語順に変わります。この形を間接疑問といいます。全体で「あなたは彼がいつ来るか（ということ）を知っていますか」という意味になります。

❻know that ～ は「～ということを知っている」という意味です。この that は省略できます。to perform は「演じるために」と目的を表す不定詞です。

❼I wonder ～ .（私は～だろうかと思う，～かなあ）という文の「～」に How many countries did he visit?（彼は何か国を訪れましたか）という疑問文を入れると，wonder のあとが〈疑問詞（how many countries）＋主語＋動詞〉に変わります。

❽More than that は「そのこと以上に，それよりも」ということです。I want to know ～ .（私は～ということを知りたい）という文の「～」に Which *rakugo* is he going to tell us?（彼はどの落語を私たちに語るつもりでしょうか）という疑問文を入れると，know のあとが〈疑問詞（which *rakugo*）＋主語＋動詞〉に変わります。

❾肯定文に「？」がついているので，これも確認する文です。

⓫I don't even know ～ .（私は～さえ知らない）という文の「～」に What kinds of stories are they?（それらはどんな種類の話ですか）という疑問文を入れると，know のあとが〈疑問詞（what kinds of stories）＋主語＋動詞〉に変わります。

⓬I didn't know ～ .（私は～ということを知らなかった）という文の「～」に How much are you into *rakugo*?（あなたはどれほど落語にはまっていますか）という疑問文を入れると，know のあとが〈疑問詞（how much）＋主語＋動詞〉に変わります。be into ～ は「～にはまっている，のめり込んでいる，関心を持っている」という意味です。この文は，「どれほどはまっているかを知らなかった」→「それほどはまっていることを知らなかった」と考えます。

Words & Phrases

□ **perform(s)**［パフォーム（ズ）］　動 ～を演じる

□ **wonder**［ワンダ］　動 ～だろうかと思う

　be into ～　　　　　　　　～にはまっている

📖 Question

When will Katsura Kaishi come to the school?

訳 桂かい枝はいつ学校に来ますか。

ヒント ❹の質問に，アヤは Next Monday. と答えています。will を使って書いてみましょう。

解答例 He will come to the school next Monday.（彼は今度の月曜日に学校に来ます）

🔑 Key Sentences

❶ I don't know **when your birthday is**.　　私はあなたの誕生日がいつか知りません。

❷ I know **who wrote this letter**.　　　　　私はだれがこの手紙を書いたのか知っています。

▶❶は「私は when 以下のことを知らない」という文で，中に When is your birthday?（あなたの誕生日はいつですか）という疑問文を含んでいます。1文で表すときは，when 以下の語順を〈主語＋動詞〉にします。

▶❷は「私は who 以下のことを知っている」という文で，中に Who wrote this letter?（だれがこの手紙を書きましたか）という疑問文を含んでいます。疑問詞 Who が wrote の主語なので，1文で表すときは，who 以下の語順は〈主語（who）＋動詞（wrote）〉のままです。

▶❶や❷の文のように文の中に疑問文が含まれているとき，その部分を「間接疑問」といいます。

🧊 Tool Kit

I know **when our school trip is**.

訳 私は私たちの修学旅行がいつか知っています。

例 when our school trip is　　❶ where Tom lives　　❷ what sports Kana likes　　❸ who painted this picture

❶ I know where Tom lives.

　　訳 私はトムがどこに住んでいるか知っています。

❷ I know what sports Kana likes.

　　訳 私はカナがどんなスポーツが好きか知っています。

❸ I know who painted this picture.

　　訳 私はだれがこの絵を描いたか知っています。

🎧 Listen

Listen　会話を聞いて，内容に合う絵をそれぞれ選び，記号を○で囲もう。

▶会話を聞く前に，🅐と🅑の絵の違いを確かめておきましょう。疑問文が含まれている文の語順に気をつけながら，内容を正しく聞き取りましょう。

💭 Think & Try!

ボブになりきって，桂かい枝さんについてアヤと話した日の日記を書いてみよう。次の文に自由に 2～3 文加えよう。

Aya told me some big news!

例　Mr. Katsura Kaishi is coming to our school next Monday.

日本語訳

アヤは私に，大ニュースを話しました。

例　桂かい枝さんが今度の月曜日に私たちの学校にやって来ます。

▶ is coming という現在進行形は「未来の予定」を表しています。

Goal 落語家の桂かい枝さんについて説明しよう。

桂かい枝さんがアヤたちの中学校を訪れ，海外で英語落語をしたときの経験について話してくれます。アヤが司会をしています。

❶Now everyone. ❷Let me introduce our special guest, Mr. Katsura Kaishi. ❸Today, he's going to tell us about his experiences in foreign countries. ❹Give him a big hand!

❺Thank you, Aya and everybody. ❻I have some very strange experiences to tell you about today! ❼One day, I performed *rakugo* at a school in New York. ❽I usually perform on a stage, but that school didn't have one. ❾People there got me a round, one-legged table, and I had to perform *rakugo* on it. ❿I can tell you how difficult it was. ⓫It was like walking on a tightrope while telling a *rakugo* story.

日本語訳

❶では，皆さん。❷私たちの特別ゲスト，桂かい枝さんをご紹介します。❸今日，彼は外国での経験について私たちに話してくださる予定です。❹彼に大きな拍手をお送りください！

❺ありがとう，アヤさん，そして皆さん。❻今日は皆さんにお伝えするとても奇妙な経験がいくつかあります！ ❼ある日，私はニューヨークのある学校で落語を演じました。❽私はふつう舞台で演じますが，その学校にはそれがありませんでした。❾そこの人たちは丸い一本脚のテーブルを私のために手に入れ，私はその上で落語を演じなければなりませんでした。❿それがどれほど難しかったか，皆さんにお伝えします。⓫落語の話をしている間，それは綱渡りの綱の上を歩いているみたいでした。

解説

❷〈Let me + 動詞の原形 ～ .〉で「私に～させてください」の意味を表します。let は「～させ（てあげ）る」という意味の動詞です。

❸his experiences in foreign countries は「外国での彼の経験」ということです。

❹hand には「拍手」の意味があります。Give him a good hand! とも言います。

❻some very strange experiences to tell you about は「あなたたちに伝える(ための)とても奇妙ないくつかの経験」という意味で，to tell は「話す[伝える]ための〜」と，前の名詞を説明しています(不定詞の形容詞的用法)。❻の文は，I will tell you about some very strange experiences today! (今日は皆さんに，いくつかのとても奇妙な経験についてお伝えしましょう)と言いかえることができます。

❽didn't have one の one は a stage をさします。

❾People there は「そこの人々」，got me 〜 は「私のために〜を手に入れた」(got は get の過去形)，had to 〜 は「〜しなければならなかった」(had は have の過去形)という意味です。

❿I can tell you 〜 . という文に How difficult was it? (それはどれほど難しかったですか)という疑問文を入れると，you のあとが〈疑問詞(how difficult)＋主語＋動詞〉に変わります。

⓫It was like 〜 . で「それ(＝丸い一本脚のテーブルの上で話すこと)は〜のようだった」という意味になります。walking on a tightrope は「綱渡りの綱の上を歩くこと」，while telling は「話している間」で，while I was telling を短く言ったものです。

📖 Words & Phrases

□ **introduce** [イントロデュース]	動 〜を紹介する
□ **guest** [ゲスト]	名 ゲスト，客
□ **foreign** [フォリン]	形 外国の
big hand	大きな拍手
□ **strange** [ストレインヂ]	形 奇妙な，不思議な
□ New York [ニュー／ヨーク]	名 ニューヨーク(アメリカの都市)
□ **round** [ゥラウンド]	形 丸い
one-legged [ワンレギド，ワンレグド]	形 一本脚の
□ tightrope [タイトロウプ]	名 綱渡りの綱

📖 Question

How did Katsura Kaishi feel while telling a *rakugo* story in New York?

訳 ニューヨークで落語の話をしている間，桂かい枝はどのように感じましたか。

ヒント ⓫の文を参考にして，it または he を主語にして答えましょう。

解答例 It was like walking on a tightrope.(それは綱渡りの綱の上を歩いているようでした)
He felt like he was walking on a tightrope.
(彼は綱渡りの綱の上を歩いているように感じました)

🔑 Key Sentence

Kenta **told me how difficult the test was**.

ケンタは私に，そのテストがどのくらい難しかったかを話しました。

▶ how 以下は間接疑問です。「そのテストがどのくらい難しかったか（を話した）」は，〈疑問詞 (how difficult) ＋主語 (the test) ＋動詞 (was)〉の語順になります。

▶ この文は「どれほど難しかったかを（＝とても難しかったと）話した」と訳すこともできます。

📦 Toll Kit

Elly told me <u>how exciting the sports festival was</u>.

訳 エリーは私に，運動会がどれほどわくわくしたかを話しました。

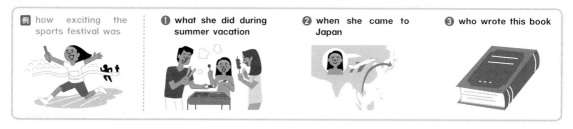

| 例 how exciting the sports festival was | ❶ what she did during summer vacation | ❷ when she came to Japan | ❸ who wrote this book |

❶ Elly told me what she did during summer vacation.

   訳 エリーは私に，夏休みの間に何をしたかを話しました。

❷ Elly told me when she came to Japan.

   訳 エリーは私に，いつ日本に来たかを話しました。

❸ Elly told me who wrote this book.

   訳 エリーは私に，だれがこの本を書いたかを教えました。

語句

during 前 ～の間に

🔊 発音

[str] <u>str</u>ange［ストレインヂ］, <u>str</u>ong［ストロング］, <u>str</u>eet［ストリート］

🎧 Listen

Listen 会話を聞いて，それぞれの内容に合う写真を選び，（　　）に記号を書こう。

A

B

C

Ⓓ	
教科書参照	❶ (　　　)
	❷ (　　　)
	❸ (　　　)

▶会話の話題と写真を結びつけるリスニングです。写真をよく見て，メモを取りながら聞きましょう。

🧠 Think & Try!

司会のアヤになりきって，下のメモを見ながら桂かい枝さんを紹介してみよう。次の文から話し始めよう。

Now everyone. Here is our special guest, Mr. Katsura Kaishi. Let me tell you about him briefly.

Mr. Katsura Kaishi	
1969	born in Amagasaki, Hyogo
1997	started English *rakugo*
1998	performed in America for the first time

語句 briefly［ブリーフリ］　　　　　副 簡単に

born < bear［ボーン < ベア］　動 bear（産む）の過去分詞形

日本語訳

さて，皆さん。こちらは私たちの特別ゲスト，桂かい枝さんです。彼について，皆さんに簡単にお話しします。

桂かい枝さん	
1969 年	兵庫県尼崎で生まれた
1997 年	英語落語を始めた
1998 年	初めてアメリカ合衆国で演じた

➡教科書 p.100

Part 3

Goal 英語落語を読んで，オチを考えよう。

アヤたちが，桂かい枝さんの英語落語『動物園 (The Zoo)』を聞いています。

ある男が動物園で働くことになり，長谷川園長と話しています。

Hasegawa: ❶I'm the manager of this zoo. ❷Recently, our tiger died. ❸He was the most popular animal here. ❹So I'll tell you what you should do. ❺Put on this tiger suit, go into the tiger cage, and be a tiger.

Man: ❻Be a tiger? ❼I only have to walk around in the cage? ❽What an easy job!

MC: ❾Attention, please! ❿Gather around the tiger cage. ⓫There's going to be a special show.

Man: ⓬What? ⓭A show?

日本語訳

長谷川：❶私がこの動物園の園長です。❷最近，私たち（動物園）のトラが死にました。❸彼は，ここでいちばん人気のある動物でした。❹そこで私はあなたに，何をすべきかを言いましょう。❺このトラの服を着て，トラのおりに入って，トラになってください。

男：❻トラになる？　❼私はおりの中を歩き回るだけでいいんですね？　❽なんて簡単な仕事なんだ！

司会者：❾お知らせいたします！　❿トラのおりのまわりに集まってください。⓫特別ショーがありますよ。

男：⓬何？　⓭ショーだって？

解説

❷Recently は「最近」，died は die（死ぬ）の過去形です。

❸He は our tiger をさします。長谷川さんはそのトラをかわいがっていたので，it ではなく he を使っています。most popular は popular の最上級で，前に the をつけて使います。

❹So（それで）は「死んだので」ということです。what you should do は間接疑問です。I'll tell you 〜．という文の「〜」に What should you do?（あなたは何をすべきか）という疑問文を

入れると，you のあとが〈疑問詞（what）＋主語（you）＋動詞（should do〉に変わります。

❺動詞で始まる Put on ～（～を着なさい），go into ～（～の中に入りなさい），be ～（～になり
なさい）は指示・命令する文です。tiger suit とは，トラの着ぐるみのことです。

❻be が「～になる」の意味であることに注意しましょう。

【参考】 I want to be a singer in the future.「私は将来，歌手になりたいです。」

❼only have to ～ は「ただ～しなければならない」→「～するだけでいい」と考えます。

❽〈What ＋ a［an］＋形容詞＋名詞!〉で「なんて～な…だ」の意味を表します。このような文
を感嘆文といいます。

【参考】 What a cute cat!「なんてかわいいネコなの。」

❿指示・命令する文です。gather around ～ は「～のまわりに集まる」という意味です。

⓫There's は There is の短縮形です。この文は「（今から）～が始まります」ということです。

📘 Words & Phrases

□ manager［マニヂャ］ 名 経営者，園長

□ **recently**［ゥリーセントリ］ 副 最近

　I'll［アイル］← I will

□ put on ～　　　 ～を着る

□ **suit**［スゥート］

　　　　　　　 名（ある目的のための）衣服

□ walk around　 歩き回る

□ MC［エムスィー］

　 名 司会者（＝ master of ceremonies），進行役

□ **attention**［アテンション］ 名 注目，注意

　Attention, please.

　　　［場内放送などで］お知らせいたします。

□ **gather**［ギャザ］ 動 集まる

　there's［ゼアズ］← there is

🔑 Key Sentences

What an easy job!	なんて簡単な仕事なんでしょう。
How nice!	なんてすてきなんでしょう。

▶〈What ＋ a［an］＋形容詞＋名詞!〉で「なんて～な…でしょう」という意味を表します。

▶〈How ＋ 形容詞!〉で「なんて～なんでしょう」の意味を表します。

▶このような文を「感嘆文」といいます。

Listen

> **Listen** 落語に関する会話を聞いて，内容に合うものをすべて選び，○で囲もう。
> いつ始まったか（江戸 ／ 明治 ／ 大正）　 使うもの（せんす ／ うちわ ／ 手ぬぐい）

▶会話を聞く前に，（　　）内の選択肢を見ておきましょう。そして，どの単語が読まれるか集中
して聞きましょう。

➡教科書 p.101

MC: ❶Ladies and gentlemen, boys and girls, we now present our wild animal show!

Man: ❷Wild animal show? ❸I don't know what I should do.

MC: ❹A lion is coming into the tiger cage. ❺The lion and the tiger are going to fight. ❻Guess which will win ... and which will die! ❼Now it's show time!

Man: ❽Oh, no! ❾The lion is coming! ❿Help! ⓫It's opening its mouth! ⓬Aaahhh!

Lion:

日本語訳

司会者：❶皆さま，それでは私たちの野生動物ショーをごらんいただきましょう！

　　男：❷野生動物ショー？　❸何をしたらよいかわからないよ。

司会者：❹ライオンがトラのおりに入ってきますよ。❺ライオンとトラが戦うことになっていますよ。❻どちらが勝って……どちらが死ぬでしょうか！　❼さあ，ショー・タイムです！

　　男：❽いやだ，やめてくれ！　❾ライオンがやって来る！　❿助けてくれ！　⓫ライオンが口を開けている！　⓬うわあ！

ライオン：

解説

❶「淑女ならびに紳士の皆さま，おぼっちゃんおじょうちゃん方」という呼びかけで，ladies は lady の複数形，gentlemen は gentleman の複数形です。present は「～を示す［紹介する］」という動詞です。present（贈りもの）とはアクセントの位置が違うので注意しましょう。

❸what I should do は間接疑問です。I don't know ～ . という文の「～」に What should I do?（私は何をすべきだろうか）という疑問文を入れると，know のあとが〈疑問詞（what）＋主語（I）＋動詞（should do）〉に変わります。

❹is coming という現在進行形が「やって来る」という未来の予定を表しています。ライオンがすでに入ってきているのではなく，「（まもなく）やってきますよ」ということです。

❺be going to ～（～する予定だ，～することになっている）と未来を表す文です。

❻guess（～を推測する）という動詞で始まる指示・命令する文です。which will win（どちらが勝つでしょうか）と which will die（どちらが死ぬでしょうか）は間接疑問ですが，which が主語なので，語順は〈疑問詞（which）＋動詞（will win［die]）〉のままです。

❼ショーを始めるときのかけ声です。it は「それ」とは訳しません。

❽「いやだ、やめてくれ」という男性の叫びです。

❾現在進行形の文です。この is coming は「やって来るところだ」という意味で、今まさにライオンがやって来たことを表しています。

⓫これも現在進行形の文です。It は The lion をさしています。its（それの）は the lion's（そのライオンの）ということです。

📖 Words & Phrases

□ ladies ＜ lady［レイディズ ＜ レイディ］
　　　　名lady（女性、婦人）の複数形

□ gentlemen ＜ gentleman
　［ヂェントルメン ＜ ヂェントルマン］
　　　　名gentleman（紳士、男性）の複数形
　ladies and gentlemen　　皆さま

□ present［プリゼント］
　　　　動～を示す、紹介する

□ wild［ワイルド］　形野生の

□ fight［ファイト］　動戦う
　aaahhh ＝ ah［アー］間あー、うわあ

📖 Question

Why did the man think it was an easy job?

訳 男性はなぜ、それが簡単な仕事だと思ったのですか。

ヒント 教科書 p.100の6～7行目を参考にして、Because ～ . という文で答えましょう。

解答例 Because he thought (that) he only had to walk around in the cage.
　　　（彼はおりの中を歩き回るだけでいいと思ったからです）

▶過去の文なので、have ではなく had を使います。

Think & Try

『動物園（The Zoo)』のオチを考えて、最後の Lion のセリフを言ってみよう。

例 Don't worry, I'm the manager.（心配するな、私は園長だ）

▶ライオンは着ぐるみを着た長谷川園長だった、というオチの例です。

🔊 音のつながり
ladies_and_gentlemen / boys_and_girls［レイディザンヂェントルメン／ボイザンガールズ］
（淑女ならびに紳士のみなさま、おぼっちゃんおじょうちゃん方）

📖 本の内容に合うように, (　　　) 内に適切な語を書こう。

Bob knew that Katsura Kaishi went to many countries to ¹(　　　　) *rakugo* in English, but he wonders ²(　　　) many countries he visited. He also wants to know ³(　　　) *rakugo* he will perform at his school.

Katsura Kaishi talks about his experiences in ⁴(　　　　) countries. When he performed *rakugo* at a school in New York, the school didn't have a ⁵(　　　　). He had to perform on a round, one-legged ⁶(　　　　).

In the *rakugo* story, the manager told the man ⁷(　　　) he should do. He only had to walk as a tiger. However, he had to ⁸(　　　) with the lion in a show!

解答と解説

1 (perform)　　「(英語で落語) を演じる (ために)」という意味になります。

2 (how)　　　　(　　) 以下は間接疑問です。「何か国を」と数をたずねるようにします。

3 (which [what])「どの [何の] (落語を)」という意味になる疑問詞を入れます。

4 (foreign)　　「外国 (での経験)」という意味になります。つづりに注意しましょう。

5 (stage)　　　その学校になかったものは「舞台」でした。

6 (table)　　　「(丸い一本脚の) テーブル」という意味になります。

7 (what)　　　(　　) 以下は間接疑問です。「何を (すべきか)」「どうしたらよいか」という意味になります。

8 (fight)　　　「(〜と) 戦わ (なければならなかった)」という意味になります。

日本語訳

　ボブは, 桂かい枝が英語で落語を演じるために多くの国に行ったことを知りましたが, 彼が何か国を訪れたのだろうと思っています。彼はまた, 彼がどの落語を学校で演じるのかを知りたいとも思っています。

　桂かい枝は外国での経験について話します。彼がニューヨークのある学校で落語を演じたとき, その学校には舞台がありませんでした。彼は丸い一本脚のテーブルの上で演じなければなりませんでした。

　その落語の話の中で, 園長は男性に何をすべきかを伝えました。彼はトラとして歩くだけでよかったのです。しかし, 彼はショーの中でライオンと戦わなければなりませんでした。

Task

➡教科書 p.102

■日本語訳を参考にしてみよう。

🎧／🎤　Pedro と Mr. Kato が落語について話をしています。2人の会話を聞いて、その内容をまとめて発表しよう。

（Mr. Kato のブラジルの落語についての知識）

Mr. Kato doesn't know ＿＿＿＿＿＿＿＿＿＿＿＿＿＿＿＿＿＿＿＿＿＿＿＿＿ in Brazil.

（落語家がジェスチャーをする際に使う道具）

Rakugo players use ＿＿＿＿＿＿＿＿＿＿＿＿＿＿＿＿＿＿＿＿＿ their gestures.

（英語落語を演じる前にする説明）

The *rakugo* players usually ＿＿＿＿＿＿＿＿＿＿＿＿＿＿＿＿＿＿＿＿＿＿＿＿＿.

日本語訳

加藤先生はブラジルで＿＿＿＿＿＿＿＿＿＿＿＿＿＿＿＿＿＿＿＿＿＿を知りません。

落語家はジェスチャーを＿＿＿＿＿＿＿＿＿＿＿＿＿＿＿＿＿＿＿＿を使います。

落語家はたいてい＿＿＿＿＿＿＿＿＿＿＿＿＿＿＿＿＿＿＿＿＿＿＿＿＿＿。

語句　gesture　名 ジェスチャー

Practice ✏

■日本語訳を参考にしてみよう。

A: ❶Do you know where Taro lives?

B: I don't know.　❷Let's ask him where he lives.

日本語訳

Ａ：❶あなたはタロウがどこに住んでいるか知っていますか。

Ｂ：知りません。❷彼がどこに住んでいるか，彼にたずねましょう。

A: ❸What a tall tower!

B: That is Tokyo Skytree.　It is 634 meters tall.

日本語訳

Ａ：❸なんて高い塔でしょう。

Ｂ：あれは東京スカイツリーです。それは634メートルの高さです。

1. 「いつ・どこで」などの情報を「知っている・知らない」などと表現するとき…… ❶

Where <u>does</u> Taro <u>live</u>?　　訳 タロウはどこに住んでいますか。

I don't know where 　　Taro <u>live**s**</u>.　　訳 私はタロウがどこに住んでいるか知りません。

When <u>is</u> Taro's birthday?　　訳 タロウの誕生日はいつですか。

Do you know when　Taro's birthday <u>is</u>?

　　　　　　　　　　訳 あなたはタロウの誕生日がいつか，知っていますか。

2. 「いつ・どこで」などの情報を「だれに言ったか・聞いたか」などと表現するとき…… ❷

Please tell me your favorite food .
　　　　　　　～に　　　…を

　　訳 どうぞ私に，あなたのお気に入りの食べものを教えてください。

Please tell me how far **it is** from here to the station .

　　訳 どうぞ私に，ここから駅までどれくらい（の距離）か教えてください。

3. 驚きや感動を表現するとき…… ❸

What an easy job!　　訳 なんて簡単な仕事なのでしょう。

How cool!　　訳 なんてかっこいいのでしょう。

164

Tips ❻ for Reading

→教科書 p.104

 自分に必要な情報を読み取ろう。

(みどり市文化センター)

Enjoy Japanese Culture!

Period: Wednesday, 16 — Friday, 18 in March
Place : Midori City Culture Center
Time : (A) 16:00 — 17:00　(B) 17:15 — 18:15
Fee   : 500 yen/class
料金

Activity	Day, Time	Place
Origami	Wednesday (A) Friday (B)	Room #1
Shodo	Wednesday (B) Thursday (A)	Room #2
Shamisen	Thursday (B) Friday (A)	Play Room
Takoyaki	Friday (B)	Cooking Room
Rakugo	Thursday (A) Friday (B)	Play Room

If you want to join a class, email to: j-culture@mdr.or.jp
Write: your name, your phone number, class(es), time (A) /
　　　 (B)
You can take more than two classes if you like.

(みどり市文化センター)

日本文化を楽しみましょう。

期日：3月16日（水曜日）－18日（金曜日）
場所：みどり市文化センター
時間：(A) 16時－17時　(B) 17時15分－18時15分
料金：1クラス500円

活動	日時	場所
おりがみ	水曜日 (A) 金曜日 (B)	1号室
書道	水曜日 (B) 木曜日 (A)	2号室
三味線	木曜日 (B) 金曜日 (A)	遊戯室
たこ焼き	金曜日 (B)	調理室
落語	木曜日 (A) 金曜日 (B)	遊戯室

もしあるクラスに参加したければ，Eメールを送ってください：
　　　　　　　　　　　　　　　　　j-culture@mdr.or.jp
記入してください：あなたの名前，電話番号，クラス，時間 (A)／(B)
お望みであれば，クラスは2つより多く受講することができます。

Let's Try!

■日本語訳を参考にしてみよう。

例　A: What class are you going to take?
　　B: I'm going to take *Shodo* class.
　　A: When do you take it?
　　B: On Wednesday. It starts at 5:15.

　　A：あなたはどのクラスを取る予定ですか。
　　B：私は書道クラスを取る予定です。
　　A：あなたはそれをいつ取りますか。
　　B：水曜日です。それは5時15分に始まります。

Speak about gestures and sign language!
ジェスチャーと手話について話しましょう。

Do you know about gestures in different cultures?
あなたは異なる文化のジェスチャーについて知っていますか。

☐ **gesture** [ヂェスチャー] 名 身ぶり，ジェスチャー

☐ **sign language** [サイン／ラングウィヂ] 名 手話

➡教科書 pp.106-107

 Goal ジェスチャーの持つ意味の違いを知り，説明しよう。

Part 1 キング先生とケンタが，ジェスチャーについて話しています。

Ms. King: ❶ Kenta, you look happy. ❷ What's new?

Kenta: ❸ This morning I got great news. ❹ It made me happy.

Ms. King: ❺ What was it?

Kenta: ❻ Look at this picture. ❼ My cousin Yuma sent me an email with this picture. ❽ He won the final match in a local tennis competition. ❾ He looks happy. ❿ He is making a peace sign.

Ms. King: ⓫ We call it a V sign. ⓬ But be careful. ⓭ In my country, making a V sign like this boy on the right is an insulting gesture.

Kenta: ⓮ Oh, really? ⓯ I didn't know that.

🔵 日本語訳

キング先生：❶ケンタ，うれしそうね。❷何か変わったことでも？

ケンタ：❸けさ，ぼくはすばらしい知らせを受け取りました。❹それがぼくを幸せな気持ちにしました。

キング先生：❺それは何だったの？

ケンタ：❻この写真を見てください。❼ぼくのいとこのユウマが，この写真を添えたEメールをぼくに送ってきました。❽彼は地元のテニス競技会で最終［決勝］戦に勝ったんです。❾彼はうれしそうです。❿彼はピースサインをしています。

キング先生：⓫私たちはそれをＶサインと呼んでいるのよ。⓬でも，気をつけてね。⓭私の国では，この右側の男の子のようなＶサインをするのは侮辱的なジェスチャーなの。

ケンタ：⓮えっ，本当ですか？　⓯それは知りませんでした。

解説

❶〈look ＋ 形容詞〉は「～のように見える」ということです。

❷「変わったことはないですか」という意味で，How are you? などに代わるあいさつとして使われます。

❹〈make ＋ 人＋形容詞〉で「(人)を～な気持ち [状態]にする」の意味を表します。

❼sent は send (～を送る)の過去形です。〈sent ＋ 人＋もの〉で「(人)に(もの)を送った」という意味になります。

❽won は win (～に勝つ)の過去形です。won the final match で「最終 [決勝]戦に勝った」→「優勝した」という意味になります。

❿現在進行形の文です。make a sign は「サイン [しぐさ]をする」という意味です。

⓫〈call ＋ もの・人＋名詞〉で「(もの・人)を～と呼ぶ」という意味を表します。

⓬be careful は「注意しなさい，気をつけなさい」と指示・命令する文です。

⓭making a V sign like this boy on the right は「この右側の男の子のようなＶサインをすること」で，この文の主語になっています。教科書 p.106の絵で右側の男の子が左手で示しているような「てのひらを内側に向けたＶサイン」をさしています。

⓯that (そのこと)は，「キング先生の国では，てのひらを内側に向けたＶサインは侮辱的なジェスチャーだということ」をさしています。

Words & Phrases

□ What's new?　　　　　　　変わったことはない？

□ **made** ＜ make［メイド ＜ メイク］　動 make (～を(…に)する)の過去形

□ **cousin**［カズン］　　　　　　名 いとこ

□ email［イーメイル］　　　　　名 Ｅメール

□ won ＜ win［ワン ＜ ウィン］　動 win (勝つ)の過去形

□ **final**［ファイナル］　　　　　形 最後の，最終の

　　final match　　　　　　　決勝

□ **local**［ロウカル］　　　　　　形 地元の

□ **peace**［ピース］　　　　　　名 平和

□ **careful**［ケアフル］　　　　　形 注意深い，気をつける

□ insulting［インサルティング］　形 侮辱的な

167

📖 Question

What news made Kenta happy?

訳 どんな知らせがケンタを幸せな気持ちにしましたか。

ヒント ❼と❽の文から判断できます。〜 did. という形で答えましょう。

解答例 An email from his cousin Yuma did. Yuma won the final match in a local tennis competition.

（彼のいとこのユウマからのEメールがそうしました。ユウマは地元のテニス競技会で最終［決勝］戦に勝ちました）

🔑 Key Sentences

The news **made me happy**.	その知らせは私を幸せな気持ちにしました。
My friends **call me Kenta**.	ぼくの友人たちはぼくをケンタと呼びます。

▶ 〈make ＋ 人・もの＋形容詞〉で「（人・もの）を〜な気持ち［状態］にする」を表します。

▶ 〈call ＋ 人・もの＋名詞〉で「（人・もの）を〜と呼ぶ」を表します。

📦 Tool Kit

We call **our dog Hachi**.

訳 私たちは私たちのイヌをハチと呼びます。

例 our dog / Hachi	❶ the food / *osechi*	❷ the rock band / the Apples	❸ the castle / Shirasagi-jo

❶ We call the food *osechi*.

　　訳 私たちはその食べものをおせちと呼びます。

❷ We call the rock band the Apples.

　　訳 私たちはそのロックバンドをズィ・アップルズと呼びます。

❸ We call the castle Shirasagi-jo.

　　訳 私たちはその城を白鷺城と呼びます。

🎧 Listen

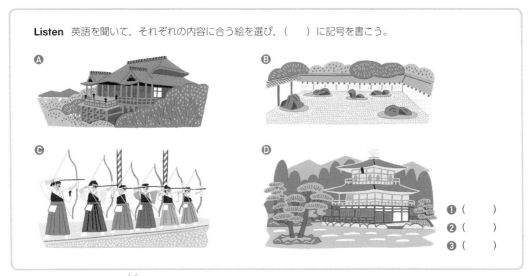

Listen　英語を聞いて，それぞれの内容に合う絵を選び，（　　）に記号を書こう。

Ⓐ

Ⓑ

Ⓒ

Ⓓ

❶（　　）
❷（　　）
❸（　　）

▶それぞれの英語に含まれるキーワードを聞き取って，それをもとに絵を選びましょう。

🧠 Think & Try!

次の会話を演じてみよう。最後に自由にやりとりを加えよう。

Kenta: My cousin is making a peace sign.

Ms. King: We call it a V sign.　But be careful.　In my country, making a V
sign like this is an insulting gesture.

Kenta: Oh, really?　I didn't know that.

例　*Kenta:* I want to know more about gestures around the world.
Ms. King: That's nice.　Let's do a search on the Internet.

日本語訳

　　ケンタ：ぼくのいとこがピースサインをしています。

キング先生：私たちはそれをVサインと呼んでいるのよ。でも，気をつけてね。私の国では，こ
　　　　　　のようなVサインをするのは侮辱的なジェスチャーなの。

　　ケンタ：えっ，本当ですか？　それは知りませんでした。

例　　　　ケンタ：ぼくは世界中のジェスチャーについてもっと知りたいです。
　　　キング先生：それはいいですね。インターネットで調べましょう。

169

Part 2

Goal レポートを読み，その感想や自分の経験を伝えよう。
ケンタがいろいろな国のジェスチャーについて調べ，
レポートを書きました。

❶Gestures are helpful when we communicate. ❷One day a tourist from abroad asked me to buy a ticket for him in a ramen restaurant. ❸I showed him how to buy it with gestures.

❹Ms. King taught me that some gestures have different meanings from country to country. ❺I'll give you an example. ❻What gesture do you use when you want someone to come to you? ❼Japanese people wave their hands like Picture A to express "come here." ❽In the U.S. and some European countries, this gesture is similar to "go away." ❾To express "come here," they move their hands like Picture B.

❿It is important to know about cultural differences.

Picture A

Picture B

日本語訳

❶ジェスチャーはぼくたちがコミュニケーションをとるときに役立ちます。❷ある日，外国からの旅行者がぼくに，ラーメン店で彼のためにチケットを買ってほしいと頼みました。❸ぼくは彼にジェスチャーでそれの買い方を示しました。

❹キング先生はぼくに，ジェスチャーの中には国によって異なる意味を持つものがあると教えてくれました。❺皆さんに1つの例を示しましょう。❻だれかにあなたのところへ来てもらいたいとき，あなたはどんなジェスチャーを使いますか。❼日本の人たちは「こっちへ来い」と表現するために，写真Aのように手を振ります。❽アメリカ合衆国やヨーロッパのいくつかの国では，このジェスチャーは「あっちへ行け」と似ています。❾「こっちへ来い」を表現するために，彼らは写真Bのように手を動かします。

❿文化的な違いについて知ることが大切です。

解説

❷主語は a tourist from abroad（外国からの旅行者［観光客］）です。〈ask + 人 + to + 動詞の原形〉で「（人）に～してほしいと頼(たの)む」という意味を表します。for him は「彼のために，彼に代わって」ということです。

❸〈show + 人 + how to ～〉で「（人）に～の仕方を示す［教える］」という意味を表します。

❹taught は teach（～を教える）の過去形です。〈teach + 人 + that ～〉で「（人）に～ということを教える」という意味を表します。have different meanings は「異なる意味を持つ」，from country to country は「国ごとに，国によって」ということです。

❺〈give + 人＋もの〉で「（人）に（もの）をあげる［示す］」という意味を表します。

❻〈want + 人 + to + 動詞の原形〉で「（人）に～してもらいたい」という意味を表します。when 以下は，「あなたがだれかにあなたのところへ来てもらいたいとき」ということです。

❼like Picture A は「写真Aのように」，to express ～ は「～を表現するために」と目的を表す不定詞（副詞的用法）です。

❽this gesture は「写真Aのように手を振るジェスチャー」をさします。

❾To express ～（～を表現するために）も，目的を表す不定詞です。

❿It is ... to know about ～ . で「～について知ることは…だ」という意味を表します。It は to know about ～（～について知ること）をさす語で，「それは」とは訳しません。

Words & Phrases

- □ **helpful**［ヘルプフル］　形 役立つ
- □ **communicate**［カミューニケイト］　動 コミュニケーションをとる
- □ **tourist**［トゥアリスト］　名 観光客，旅行者
- □ **abroad**［アブロード］　副 外国に［で］
- □ **ticket**［ティケト］　名 チケット，切符(きっぷ)
- □ meaning(s)［ミーニング（ズ）］　名 意味
- □ from country to country　国ごとに
- □ **wave**［ウェイヴ］　動 手を振る
- □ **express**［イクスプレス］　動 ～を表現する
- □ **European**［ユアロピーアン］　形 ヨーロッパの
- □ go away　あっちへ行け
- □ **cultural**［カルチュラル］　形 文化的な

Question

When you want to express "come here," how do you wave your hand?

訳 「こっちへ来い」と表現したいとき，あなたは手をどのように振りますか。

ヒント 日本人の手の振り方は，❼の文に書かれています。I を主語にして答えましょう。

解答例 I wave my hand like Picture A.（私は写真Aのように手を振ります）

🔑 Key Sentences

Mother **asked me to open** the door.	母は私に，ドアを開けるように頼みました。
I **want you to play** the piano.	私はあなたに，ピアノを弾いてほしいです。

▶ 〈ask + 人 + to + 動詞の原形〉で「(人)に～してと [～するように] 頼む」の意味を表します。

▶ 〈want + 人 + to + 動詞の原形〉で「(人)に～してほしい [もらいたい]」の意味を表します。

📦 Tool kit

I want you to **close the window**.

🈟 私はあなたに窓を閉めてほしいです。

例 close the window	❶ speak louder	❷ teach me Spanish	❸ come to Japan again
	loud (声・音が) 大きい	Spanish スペイン語	

❶ I want you to speak louder.

🈟 私はあなたに，もっと大きな声で話してほしいです。

❷ I want you to teach me Spanish.

🈟 私はあなたに，スペイン語を教えてほしいです。

❸ I want you to come to Japan again.

🈟 私はあなたに，また日本に来てほしいです。

語句

louder [ラウダ] 　　副 大きな声・音で

Spanish [スパニシュ] 名 スペイン語

 **Listen**

Listen 文化祭でのバンド演奏について，Ms. White と Mr. Yamada が話しています。会話を聞いて，出演する生徒の名前とそれぞれが担当（たんとう）する楽器を線で結ぼう。

Jin   Miyu   Amy   Dan

▶絵にある楽器の名前と，人の名前を結びつけながら，会話の内容を正しく聞き取りましょう。

Think & Try!

次の文に自由に2~3文加えて，ジェスチャーについて書いてみよう。

Gestures are helpful when we communicate.

_____

_____

_____

例 One day, someone asked me the way to the station. I showed him the way with gestures.

日本語訳

ジェスチャーは私たちがコミュニケーションをとるときに役立ちます。

例　ある日，だれかが私に，駅への道順をたずねました。私は彼に，ジェスチャーで道順を示しました。

▶例の文中の the way to ~（~への道順）は，how to get to ~（~への行き方）と言いかえることができます。

173

Part 3 Goal 日本の手話とアメリカの手話の違い(ちが)について説明しよう。

アヤが，日本の手話とアメリカの手話の違いについてスピーチをしています。

❶My mother's friend Ms. Suzuki is a sign language interpreter. ❷One day, she told me about differences between Japanese Sign Language and American Sign Language. ❸I became interested in sign languages and learned some myself.

❹Let me show you an example. ❺One is Japanese Sign Language and the other is American Sign Language. ❻Both mean "thank you."

日本語訳

❶母の友達のスズキさんは手話の通訳です。❷ある日，彼女(かのじょ)は私に，日本の手話とアメリカの手話の違いについて話しました。❸私は手話に興味を持つようになり，いくつかを自分で学びました。

❹1つの例を示しましょう。❺一方は日本の手話で，もう一方はアメリカの手話です。❻両方とも「ありがとう」を意味します。

解 説

❶Ms. Suzuki は My mother's friend の補足説明です。前後にコンマをつけることもあります。

❷differences between ～ and ... は「～と…の（間の）違い」ということです。

❸became は become（～になる）の過去形です。became interested in ～ で「～に興味を持つようになった」という意味になります。learned some の some は，some differences between Japanese Sign Language and American Sign Language（日本の手話とアメリカの手話の違いのいくつか）を１語で表したものです。myself は「私自身で，自分で」という意味です。

❹〈let ＋ 人＋動詞の原形〉は「（人）が～することを許す［させてあげる］」の意味です。Let me show you ～ . は「私に，～をあなた（たち）に示させてください」ということですが，「私があなた（たち）に～を示しましょう」と訳せばよいでしょう。

❺One is ～ and the other is .... は「一方は～で，他方は…です」と，２つのものを並べてその

174

違いを説明する表現です。the other は「2つのうちの他方」を表します。

参考 I have two dogs. One is white and the other is black.

「私はイヌを 2 匹飼っています。一方は白で，他方は黒です。」

❻Both は「両方とも」の意味で，ここでは「例として取り上げた日本の手話とアメリカの手話の両方とも」を表しています。Both という主語は複数として扱います。

Words & Phrases

□ interpreter［インタープリタ］　　　　　**名** 通訳

□ **myself**［マイセルフ］　　　　　　　　**代** 私自身

🔑 Key Sentences

Let me talk about my winter vacation.　　　私の冬休みについて話をさせてください。

Bob **helped me do** my English homework.

ボブは私が英語の宿題をするのを手伝ってくれました。

▶ 〈let ＋ 人＋動詞の原形〉で「(人) が～することを許す」という意味を表します。

▶ 〈help ＋ 人＋動詞の原形〉で「(人) が～することを手伝う」という意味を表します。

🎧 Listen

Listen 英語を聞いて，聞き取った情報をメモしよう。

▶キーワードを聞き取って，必ずメモを取りましょう。特に「何を話題にしているか」をしっかり聞き取ることが大切です。

🔊 イントネーション

Which is Japanese Sign Language, the first one(↗) or the second one(↘)?

(どちらが日本の手話ですか，1 番目のものですかそれとも 2 番目のものですか)

＊2 つのもの [こと] を並べてたずねるときのイントネーションに注意しましょう。

❶Look at the first one. ❷Now the second one.

❸Which is Japanese Sign Language, the first one or the second one?　❹The answer is the second one. ❺This sign comes from a sumo wrestler's gesture.

❻Now I am learning Japanese Sign Language from Ms. Suzuki. ❼She helps me learn a lot of useful expressions.

日本語訳

❶1番目のものを見てください。❷今度は2番目のものを。

❸1番目のものと2番目のものとでは，どちらが日本の手話でしょうか。❹答えは2番目のものです。❺この手話は相撲取り［力士］のジェスチャーから来ています。

❻今，私はスズキ先生から日本の手話を学んでいます。❼彼女は私が多くの役立つ表現を学ぶのを手伝ってくれます。

解 説

❶the first one（1番目のもの）は the first picture と言いかえられます。教科書 p.111の❶の絵をさしています。

❷Now は「今度は」→「次に」ということです。この文は，Now look at the second one. を短く言ったものです。the second one は，教科書 p.111の❷の絵をさしています。

❸Which is ～, A or B? は「どちらが～ですか，A ですかそれとも B ですか」とたずねる文です。「A と B ではどちらが～ですか」と訳すこともできます。この文は，どちらが「ありがとう」を表す日本の手話ですか，❶の絵ですかそれとも❷の絵ですか，とたずねていることになります。

❺This sign は❷の絵の手話をさします。comes from ～ は「～から来ている，～に由来する」ということです。sumo wrestler（力士）は勝負に勝ったあと，腰を下ろして行司から懸賞金を受け取りますが，そのとき❷のような「手刀を切る」しぐさをしますね。

❻現在進行形の文です。

❼〈help ＋ 人＋動詞の原形〉は「（人）が～することを手伝う［助ける］」という意味です。

Words & Phrases

☐ wrestler ［ゥレスラ］　　　　　　　名 レスリング選手

　sumo wrestler　　　　　　　　　力士

☐ expression(s) ［イクスプレション（ズ）］名 表現

Question

When you want to express "thank you" in Japanese Sign Language, how do you move your hand?

訳 日本の手話で「ありがとう」と表現したいとき，あなたはどのように手を動かしますか。

ヒント その答えは❹の文に書かれています。I move ～ . という文で答えてみましょう。

解答例 I move my hand like the second picture ［one］. （私は 2 番目の絵［もの］のように手を動かします）／ I move my hand like Picture ❷. （私は❷の絵のように手を動かします）

Think & try!

日本の手話とアメリカの手話の違いについて，下の 2 つの例を紹介してみよう。
次の文を使って説明しよう。

　　Let me show you an example. One is American Sign Language and the other is Japanese Sign Language. Both mean "_____."

　　Look at the first one. Now the second one.

　　Which is Japanese Sign Language, the first one or the second one? The answer is the _____ one.

例1 goodbye

ASL　　　　　　　　JSL

例2 like

ASL　　　　　　　　JSL

日本語訳

　1 つの例を示しましょう。一方はアメリカの手話で，もう一方は日本の手話です。両方とも「_____」を意味します。

　1 番目のものを見てください。今度は 2 番目のものを。

　1 番目のものと 2 番目のものとでは，どちらが日本の手話でしょうか。答えは_____のものです。

例1 さようなら　　例2 好き

▶ ASL ＝ American Sign Language,　JSL ＝ Japanese Sign language

📖 本文の内容に合うように，（　　　）内に適切な語を書こう。

　　When Kenta showed his cousin's picture to Ms. King, she told Kenta that they ¹(　　　　) a peace sign a V sign in her country and it is sometimes an ²(　　　　) gesture.

　　Some gestures have different ³(　　　) from country to country. When we want ⁴(　　　) to come to us, we wave our hands down, but in some countries, it means "go ⁵(　　　)."

　　In Japanese Sign Language, we show the gesture like a ⁶(　　　) wrestler's to say "thank you." However, in American Sign Language, they show a different gesture.

　　If we know about cultural ⁷(　　　), gestures ⁸(　　　) us communicate with people abroad.

解答と解説

1（ call ）　　「ピースサインをVサインと呼ぶ」という意味にします。they は，キング先生の国の人々をさします。

2（ insulting ）　「侮辱的な」の意味の形容詞が入ります。an があるので母音で始まる語です。

3（ meanings ）　「(国によって異なる)意味(を持つ)」という意味になるようにします。

4（ someone ）　「だれかに(私たちのところへ来てもらいたい)」という意味になるようにします。

5（ away ）　　「離れて」という語を入れて，「あっちへ行け」という意味になるようにします。

6（ sumo ）　　「相撲取り，力士」を英語でどう表すかを考えます。

7（ differences ）「違い」を表す語の複数形を入れます。

8（ help ）　　「私たちが〜することを手伝う［助ける］」という意味になるようにします。

日本語訳

　　ケンタが彼のいとこの写真をキング先生に見せたとき，彼女はケンタに，彼女の国ではピースサインをVサインと呼ぶと言い，それはときには侮辱的なジェスチャーだと言いました。

　　ジェスチャーの中には国によって異なる意味を持つものもあります。だれかにこちらへ来てもらいたいとき，私たちは手を下に振りますが，いくつかの国では，それは「あっちへ行け」を意味します。

　　日本の手話では，「ありがとう」を言うのに相撲取りのようなジェスチャーを示します。しかし，アメリカの手話では，彼らは異なるジェスチャーを示します。

　　もし私たちが文化的な違いについて知れば，ジェスチャーは私たちが外国の人々とコミュニケーションをとるのを助けてくれるでしょう。

Task

➡教科書 p.112

■日本語訳を参考にしてみよう。

Ms. King と Mr. Kato が世界の珍しい標識について話をしています。2人の会話を聞いて、これらの標識についてわかったことを書いてみよう。

（1つ目の標識について）

例 The first sign shows a shelter from a heavy rain.

（2つ目の標識について）

_____

（3つ目の標識について）

_____

日本語訳

例 1つ目の標識は、豪雨からの避難所を表しています。

_____

_____

語句 shelter［シェルタ］ 名 避難所
shelter from 〜　　〜からの避難所

Practice

- -

- -

- -

- -

- -

- -

■日本語訳を参考にしてみよう。

❶Let me talk about my future dream. I want to be an English teacher, but ❷my parents want me to be a doctor. Yesterday Ms. King said, "You are good at English. You will be a good English teacher." ❸Her words made me happy. I'll do my best.

日本語訳

❶私の将来の夢についてお話ししましょう。私は英語の先生になりたいのですが，❷私の両親は私に医者になってほしいと思っています。昨日，キング先生は「あなたは英語がじょうずです。あなたはよい英語の先生になるでしょう」と言いました。❸彼女のことばは私を幸せな気持ちにしました。私は全力を尽くします。

1. 「どんな気持ちになったか」「呼び名は何か」などを伝えるとき…… ❸

The news made me happy.
  A 形容詞

訳 その知らせは私を幸せな気持ちにしました [うれしくさせました，喜ばせました]。

We call this flower a rose in English.
  A   名詞 (呼び名)

訳 私たちはこの花を英語でローズと呼びます。

2. 人にしてほしいことを伝えたり頼んだりするとき…… ❷

I **want** you **to** sing this song in English.

訳 私はあなたに，この歌を英語で歌ってほしいです。

I **asked** my father **to** cook curry.   訳 私は父に，カレーを料理してほしいと頼みました。

3. 許可を得るとき，だれが手伝ってくれるのかを述べるとき…… ❶

Let me talk about my winter vacation.
  人 動詞の原形

訳 私の冬休みについて話させてください [お話ししましょう]。

Bob helped me do my English homework.
  人 動詞の原形

訳 ボブは私が英語の宿題をするのを手伝ってくれました。

Project ❸

 Goal　日本の文化を紹介しよう！

■日本語訳を参考にしてみよう。

1 日本の文化について紹介している英文を読んで，それぞれが何のことを説明しているか（　　）に書こう。

① (　　　　　　　　　　)

I'll tell you about (①). We eat it on New Year's day. Every dish has a special meaning. For example, *kobumaki* means joy. Shrimp means long life. I make (①) with my mother every year.

私は皆さんに（①）についてお話しします。私たちはそれを元日に食べます。それぞれの料理には特別な意味があります。たとえば，昆布巻きは喜び（＝喜んぶ）を意味します。エビは長寿を意味します。私は毎年，母と（①）をつくります。

② (　　　　　　　　　　)

This is the special event on March 3rd. We display dolls to wish for happiness for girls. Peach flowers are often displayed together. We eat *chirashi-zushi* and clam soup. They are traditional food.

これは３月３日の特別な行事です。私たちは女の子の幸福を望むために人形を飾ります。桃の花がしばしばいっしょに飾られます。私たちは，ちらしずしとハマグリのスープを食べます。それらは伝統的な食べものです。

③ (　　　　　　　　　　)

This is the traditional Japanese clothes. People wear them when they go to festivals. When they wear (③), they usually wear wooden sandals called *geta*. (③) is good for Japan's hot summer.

これは伝統的な日本の衣服です。人々は祭りに行くときそれを着ます。（③）を着るとき，彼らはふつう，げたと呼ばれる木のサンダルをはきます。（③）は日本の暑い夏によいです［適しています］。

④ (　　　　　　　　　　)

Do you read (④)? (④) is a very popular Japanese pop culture. Many foreigners come to Japan after learning Japanese from (④). (④) is art. Some of (④) are written in English.

あなたは（④）を読みますか。（④）はとても人気のある日本の大衆文化です。多くの外国人が，（④）から日本語を学んだあとに日本にやって来ます。（④）は芸術です。（④）の中には英語で書かれたものもあります。

解答例　①（*Osechi*）おせち　　②（*Hinamatsuri*）ひな祭り　　③（*Yukata*）浴衣
④（Manga）マンガ

Let's Explain Japanese Culture! 日本の文化を説明しよう。

■教科書の英文と日本語訳を比べてみよう。

風呂敷
ふ ろ しき

日本語訳

これは「風呂敷」です。ものを包んだり，運んだりすることができます。

▶ 2つ目の文は，We use it to wrap or carry things.（私たちはものを包んだり，運んだりする
ためにそれを使います）と言うこともできます。この to wrap or carry は「～するために」と
目的を表す不定詞（副詞的用法）です。

餅
もち

日本語訳

「餅」は日本の伝統的な食べものです。とても人気があります。主に正月休みに食べます。

▶ cake は「（一定の形の）かたまり」を表しています。a cake of tofu は「豆腐1丁」です。
とう ふ

▶ or ～は「つまり～，言いかえれば～」という意味です。

こたつ

日本語訳

「こたつ」は，電気暖房器がついた低いテーブルです。私たちは冬に家族と座って話をするのが大
だんぼう
好きです。

▶ with ～は「～のついた」という意味です。

▶ love to ～は「～することが大好きです」という意味で，to sit and talk は「～すること」を
表す不定詞（名詞的用法）です。

▶ family は「家族」をまとめて表す語なので，単数形でも使います。代わりに family members
と言うこともできます（複数扱い）。
あつか

将棋
しょう ぎ

日本語訳

「将棋」は日本の伝統的なボードゲームです。2人用です。西洋の人にはチェスのように見えます
が，駒とその使い方が違います。
こま   ちが

▶ board は「板，盤」という意味です。

▶ look like ～ は「～のように見える」，to Western people は「西洋人にとって」，piece は
「駒」，move は「動き，動かし方」という意味です。

落語

日本語訳

「落語」は，笑い話を聞かせるものです。話し手である落語家は，一人で舞台の上に座り，対話形式のおかしな話をします。落語家が使う道具はせんすと手ぬぐいだけです。

▶ a kind of ～は「～の一種」，by himself は「彼一人で」，in the form of dialogs は「対話の形式で」，his tools は「彼の道具」→「彼が使う道具」，only ～は「～だけ」という意味です。

▶ cloth は「布，布切れ」をさします。clothes（衣服）と区別して覚えましょう。

獅子舞

日本語訳

「獅子舞」は日本の獅子の踊りです。正月に演じられます。幸運と健康を願って人々の頭を噛みます。中国から伝わった文化です。笛や太鼓を演奏する人が獅子舞を踊る人たちのあとについていくことが多いです。

▶ is performed は「演じられる」（受け身），during ～ は「～の間に」という意味です。

▶ to wish for ～ は「～を望むために，～を願って」で，to wish は目的を表す不定詞（副詞的用法）です。

富士山

日本語訳

「富士山」は日本で最も高い山です。文化，宗教に多大な影響力を及ぼす山として有名です。2013年に世界文化遺産に登録されました。

▶ highest は high（高い）の最上級です。最上級なので前に the がついています。

▶ is famous for its ～ は「それの～で有名だ」で，its は「富士山の」をさします。

▶ cultural and ritual impact は「文化的・宗教的な影響（力）」という意味です。

日本料理

日本語訳

「和食」は素材の味を生かすのが特色です。出汁を使うことで，塩分の少ない味付けを実現しています。2013年にユネスコ無形文化遺産に登録されました。

▶ 食べものの「日本料理，和食」は Japanese food [dishes] と言いますが，特に料理法をさすときは Japanese cuisine と言います。

▶ respect ～は「～を尊重する」，By using ～ は「～を使うことによって」という意味です。

▶ it is possible to make ～ で「～をつくることができる」，with less salt は「より少ない塩を使って」→「塩分を減らして」ということです。less は little の比較級です。

▶ register ～ as ... は「～を…として登録する」という意味です。

The Gift of Tezuka Osamu 手塚治虫の贈りもの

日本のマンガ文化の生みの親である手塚治虫がなぜマンガを描くようになったのか読んでみよう。

➡教科書 p.118

❶Do you know who this lion is? ❷It is Leo from the comic book, *Jungle Emperor Leo* by Tezuka Osamu. ❸Tezuka started the manga boom. ❹People all over the world enjoy his comics and the animated shows.

❺Tezuka was born in Osaka in 1928. ❻He lived in a beautiful natural setting. ❼He loved insects, so he collected and sketched them.

❽Tezuka's father liked comics a lot. ❾There was a big manga collection in their house. ❿Tezuka often drew comics at school as well as at home. ⓫His mother didn't stop him. ⓬She knew that he had a talent for drawing. ⓭His teacher praised him.   ⓮Tezuka's comics were very popular among his classmates.

⬤ 日本語訳

❶あなたはこのライオンがだれか知っていますか。❷それは手塚治虫作の『ジャングル大帝』というマンガ本に出てくるレオです。❸手塚はマンガブームの生みの親でした。❹世界中の人々が彼のマンガとアニメ番組を楽しんでいます。

❺手塚は1928年に大阪で生まれました。❻彼は美しい自然環境の中で暮らしました。❼彼は昆虫が大好きだったので，それらを収集して写生しました。

❽手塚の父はマンガが大好きでした。❾彼らの家にはマンガの一大コレクションがありました。❿手塚は家でだけでなく学校でもしばしばマンガを描きました。⓫彼の母は彼を止めませんでした。⓬彼女は，彼には描く才能があることを知っていたのです。⓭彼の先生は彼をほめました。⓮手塚のマンガは彼のクラスメートたちの間でとても人気がありました。

⬤ 解 説

❶これは Who is this lion?（このライオンはだれですか）という疑問文を含んだ文で，who this lion is（このライオンがだれかということ）は間接疑問です。語順が〈疑問詞（who）＋主語（this lion）＋動詞（is）〉に変わっていることに注意しましょう。

❷It は前の文の this lion をさします。from は出身や出所を表し，「～に出てくる，～に登場する」という意味です。by は「～がつくった，～による」などと行為者を表します。*Jungle*

Emperor Leo とイタリック体になっているのは作品名だからです。

❸「マンガのブーム［人気の急上昇］を始めた」とは，「マンガブームの生みの親だった」ということです。

❹主語は People all over the world（世界中の人々）です。animated show はテレビのアニメ番組（animated TV show）やアニメ映画（animated film［movie]）をさします。

❻natural は「自然の（ままの）」という意味の形容詞，setting は「環境」という意味の名詞です。natural setting で「自然環境」を表します。

❼so は「それで，だから」と結果を表します。文末の them は insects（昆虫）をさします。彼は昆虫を collect して sketch したのです。

❾There was ~ in .... は「…に~があった」という意味でしたね。この文は，Their house had a big manga collection. と言いかえられます。

❿drew は draw の過去形です。 ~ as well as ... は「…だけでなく~も，…と同様に~も」を表します。ここでは「家でだけでなく学校でも」という意味になります。

⓫「彼を止めなかった」とは，「彼がマンガを描くのを禁止しなかった」ということです。

⓬She knew that ~. は「彼女は~ということを知っていた」，a talent for -ing は「~する（ための）才能」の意味です。日本語では「~があることを知っていた」と言いますが，英語では knew という過去形に合わせて that 以下の動詞も had と過去形にします。この文法ルールを「時制の一致」といいます。

　参考　I know that he lives in Kobe.「私は彼が神戸に住んでいることを知っている。」
　　　　I knew that he lived in Kobe.「私は彼が神戸に住んでいることを知っていた。」

⓮among は「~の間で」の意味です。この文から，彼はマンガをたくさん描いてクラスメートたちに見せていたことがわかります。

📖 Words & Phrases

Leo ［リーオゥ］	名 レオ
Jungle Emperor Leo［ヂャングル／エンペラー／リーオゥ］	名『ジャングル大帝』（作品名）
☐ boom ［ブーム］	名 ブーム
☐ animated ［アニメイティド］	形 アニメの
☐ **born < bear** ［ボーン < ベア］	動 bear（産む）の過去分詞形
☐ be born	生まれる
☐ setting ［セティング］	名 環境
☐ collection ［カレクション］	名 収集
☐ as well as ~	~と同様に
☐ talent ［タレント］	名 才能
☐ **praise(d)** ［プレイズ（ド）］	動 ~をほめる

How did Tezuka's classmates like his comics?

訳 手塚のクラスメートたちは彼のマンガをどう思いましたか。

ヒント How did ~ like ...? は「~は…をどう思いましたか [気に入りましたか]」と感想をたずねる文です。⓮の文を読んで，They を主語にして答えましょう。

解答例 They liked his comics very much. (彼らは彼のマンガが大好きでした)

Practice ✏

➡教科書 p.119

❶When Tezuka was in junior high school, World War II started. ❷The students had to have military training. ❸During training, Tezuka got very sick, so he had to stay in the hospital. ❹After he was cured, he began to dream of becoming a doctor himself in the future.

❺B-29 bombers attacked Osaka night after night. ❻Fires broke out everywhere, and many people died. ❼Somehow, he survived and entered a medical school in July, 1945.

⬤ 日本語訳

❶手塚が中学校にいたとき，第2次世界大戦が始まりました。❷生徒たちは軍事訓練を受けなければなりませんでした。❸訓練の間に手塚は重い病気にかかり，それで彼は入院しなければなりませんでした。❹治ったあと，彼は将来，自分も医者になることを夢見るようになりました。
❺B−29爆撃機が毎晩，大阪を攻撃しました。❻火災がいたるところで起こり，多くの人が死にました。❼どうにか彼は生き延びて，1945年7月に医学部に入学しました。

⬤ 解 説

❶When ... school は，When Tezuka was a junior high school student（手塚が中学生だったときに）と言いかえられます。World War II の II は two と読みます。

❷had to 〜 は have [has] to 〜（〜しなければならない）の過去形です。have training は「訓練を受ける」の意味で，training は数えられない名詞の扱いです。

【参考】 have a piano lesson「ピアノのレッスンを受ける」

❸During 〜 は「〜の間に」で，あとに名詞が続きます。got は get の過去形で，got sick で「病気になった」という意味を表します。stay in the hospital（病院に滞在する）は「入院する」ということです。

❹After は接続詞で「…が〜したあと」，was cured は受け身で「治された」→「治った」を表します。この文では，began to dream of becoming 〜 の形に注意しましょう。「〜になるという夢を見る［抱く］ようになった」ということで，〜 of ... は「…という〜」を表します。医者への感謝の気持ちから，自分自身も（himself）医者になろうと考えたのです。

❺night after night は，every night（毎晩）を強調した言い方です。

❻Fires は fire（火事，火災）の複数形，broke は break の過去形です。broke out で「（急に，突然）起こった」の意味になります。

❼Somehow は「どうにか，なんとかして」の意味です。多くの人が爆撃で死んだけれど，彼は「どうにか生き延びた（survived）」ということです。1945は nineteen forty-five と読みます。

📖 Words & Phrases

□ World War II ［ワールド／**ウォー**／**トゥー**］　名 第2次世界大戦（1934〜45）
□ military ［**ミ**リテリ］　形 軍の
　military training　名 軍事訓練
□ cure(d) ［**キュ**ア（ド）］　動 （人，病気）を治す
□ **began** < **begin** ［ビ**ギャ**ン < ビ**ギ**ン］　動 begin（〜を始める）の過去形
　dream of 〜　〜を夢見る
□ bomber(s) ［**バ**マ（ズ）］　名 爆撃機
　B-29 bomber　名 B-29爆撃機
□ night after night　毎晩
□ **fire(s)** ［**ファ**イア（ズ）］　名 火，火災
□ broke < **break** ［ブ**ロ**ウク < ブ**レ**イク］　break（〜を壊す）の過去形
□ break out　突然(とつぜん)起こる
□ **somehow** ［**サ**ムハウ］　副 どうにか
□ **survive(d)** ［サ**ヴァ**イヴ（ド）］　動 生き延びる
□ **enter(ed)** ［**エ**ンタ（ド）］　動 〜に入る，入学する
□ medical ［**メ**ディカル］　形 医学の
　medical school　名 医学部

📖 Question

When did Tezuka start to think of becoming a doctor?

訳 手塚はいつ，医者になろうと考え始めましたか。

ヒント ❹の文に答えが書かれています。started to think so（そう考え始めた）を使って書いてみましょう。

解答例 He started to think so after he was cured. （彼は治ったあとにそう考え始めました）

➡教科書 p.120

❶The war ended on August 15 that year.　❷Tezuka was happy.　❸He knew he did not have to worry about the bombs anymore.　❹"I can draw as many comics as I like now!" he thought.　❺He wanted to draw comics, but he still had his other dream.　❻One day he asked his mother, "Should I be a doctor or a cartoonist?"　❼She said, "What do you really want to be?"　❽Tezuka answered, "A cartoonist."　❾"Then you should be one," his mother said to him.

❿The war had a big effect on Tezuka.　⓫The life of any little thing was precious to him, and this idea is often shown in his comics.　⓬In *Adolph*, he wanted to tell children about the terror of war and his hope for a world without war.

日本語訳

❶戦争はその年の８月15日に終わりました。❷手塚は幸せでした。❸彼はもはや爆弾のことを心配する必要がないことを知っていました。❹「今や好きなだけたくさんマンガを描くことができる」と彼は思いました。❺彼はマンガを描きたかったのですが，まだほかの夢を抱いていました。❻ある日，彼は母に「ぼくは医者になるべきだろうか，それともマンガ家？」とたずねました。❼彼女は「あなたは本当は何になりたいの？」と言いました。❽手塚は「マンガ家です」と答えました。❾「それならそれになるべきよ」と，母は彼に言いました。

❿戦争は手塚に大きな影響を及ぼしました。⓫どんな小さなものの命でも彼には貴重で，この考えはしばしば彼のマンガの中に示されています。⓬『アドルフに告ぐ』では，彼は戦争の恐怖について，そして戦争のない世界への彼の希望について，子どもたちに伝えたいと思いました。

解 説

❶The war は World War II をさします。この文で大切なのは，日付の前につける前置詞です。「８月に」は in August ですが，「８月15日に」という日付には on を使います。〈on ＋ 日付〉と覚えておきましょう。that year（その年）は「1945年」をさしています。

❸He knew (that) ～ . は「～ということを知っていた」という意味です。worry about ～ は「～のことを心配する」，not ～ anymore は「もはや～でない」を表します。過去の文なので，～ 以下で did not と過去形が使われていることに注意しましょう（時制の一致）。日本語にするときは，「～のことを心配する必要がないことを」とし，「必要がなかったことを」とはしません。

❹as ～ as ... は「…と同じくらい～」なので，as many comics as I like で「私が好きなくらいたくさんのマンガ」→「好きなだけたくさんのマンガ」となります。now は「（戦争が終わった）今では」ということです。

❺still は「まだ，今でも」でしたね。other dream（ほかの夢）とは，医者になるという夢をさしています。

❻Should I 〜? は「私は〜すべきでしょうか」という意味，be は「〜になる」という意味です。この文は，Should I be a doctor or should I be a cartoonist? を短く言ったものです。

❼この be も「〜になる」という意味です。

参考 What do you want to be in the future?「あなたは将来，何になりたいですか。」

❽"A cartoonist." は "I want to be a cartoonist." を短く言ったものです。

❾Then（それでは，それなら）のあとを少し区切って読みます。one は前に出てきた数えられる名詞（ここでは a cartoonist）をさします。

❿had an effect on 〜 で「〜に影響を与えた」という意味を表します。

⓫前半部分の主語は The life of any little thing（どんな小さなものの命でも）です。this idea（この考え）とは，前半部分で述べられている考え，つまり「どんな小さなものの命でも彼には貴重だ」という考えをさします。shown は show（〜を示す）の過去分詞形で，is shown で「示され（てい）る」という受け身の意味になります。

⓬*Adolph* は，アドルフ・ヒットラーを扱った作品です。〈tell + 人 + about 〜〉で「(人)に〜について話す[伝える]」を表します。about 以下では，the terror of war（戦争の恐怖）と his hope for a world without war（戦争のない世界への彼の希望[期待]）が，それぞれひとまとまりの語句になっています。長い文を理解するときは，このような語句のまとまりを正しくつかむことが大切です。手塚は作品を通じて，上の2つを子どもたちに伝えたかったのです。

⬤ **Words & Phrases**

▶ **end(ed)**［エンド（エンディド）］	動 終わる
□ **worry**［ワーリ］	動 心配する
□ worry about 〜	〜のことを心配する
□ bomb(s)［バム（ズ）］	名 爆弾
□ anymore［エニモア］	副［否定文で］今ではもう〜でない，もはや〜でない
as many 〜 as ... like	…が好きなだけたくさんの〜
□ cartoonist［カートゥーニスト］	名 マンガ家
□ **effect**［イフェクト］	名 影響
□ have an effect on 〜	〜に影響を及ぼす
□ precious［プレシャス］	形 貴重な
□ shown［ショウン］< show	動 show（〜を示す）の過去分詞形
Adolph［エイダルフ／アダルフ］	名『アドルフに告ぐ』（作品名）
□ terror［テラ］	名 恐怖
□ **without**［ウィザウト］	前 〜なしに，〜のない

📖 Question

What did Tezuka want to tell children in *Adolph*?

訳 手塚は『アドルフに告ぐ』で子どもたちに何を伝えたいと思いましたか。

ヒント ⓬の文に，手塚が子どもたちに伝えたかったことが書かれています。

解答例 He wanted to tell children about the terror of war and his hope for a world without war.

（彼は戦争の恐怖について，そして戦争のない世界への彼の希望について，子どもたちに伝えたいと思いました。）

Practice ✏

❶Tezuka produced 700 stories and created one popular character after another. ❷For example, in *Black Jack*, the hero is a skillful doctor and can cure any disease or serious injury. ❸In *Phoenix*, Tezuka used a bird to connect the future and the past. ❹He used these characters to send positive messages to his readers.

❺Tezuka's most famous work is *Astro Boy*. ❻The main character is Astro, a boy robot. ❼Although he is a robot, he makes decisions for himself. ❽Tezuka wanted young readers to do that, just like Astro.

日本語訳

❶手塚は700の物語を創作し，人気のある登場人物を次から次へと考案しました。❷たとえば『ブラック・ジャック』では，英雄[主人公]は熟練した医者で，彼はどんな病気や深刻なけがでも治すことができます。❸『火の鳥』では，手塚は未来と過去をつなぐために1羽の鳥を使いました。❹彼は読者に前向きなメッセージを送るためにこれらの登場人物を使ったのです。

❺手塚の最も有名な作品は『鉄腕アトム』です。❻主要な登場人物[主人公]は少年ロボットのアストロ[アトム]です。❼彼はロボットですが，独力で決断します。❽手塚は，若い読者たちがアストロ[アトム]とまったく同じようにそうしてほしいと望んだのです。

解説

❶produce はここでは「～を創作する」，create は「創作する，考案する」という意味です。one ～ after another は「～を次から次へと[次々に]」という意味です。700は seven hundred と読みます。seven hundreds と読まないように注意しましょう。

❷For example, ～（たとえば～）と，手塚が考案した popular character（人気のある登場人物）の例を取り上げています。『ブラック・ジャック』の主人公は，どんな病気（disease）や重傷（serious injury）でも治す（cure）ことができる熟練した（skillful）医者なのです。

❸『火の鳥』という別の例も取り上げています。to connect は「～するために」と目的を表す不定詞（副詞的用法）で，to connect ～ and ... で「～と…をつなぐ[結びつける]ために」という意味になります。

❹these characters（これらの登場人物）は，『ブラック・ジャック』の主人公と『火の鳥』の1羽の鳥をさします。to send ～ to ... は「～を…に送るために」で，to send も目的を表す不定詞です。positive は「前向きな，積極的な」という意味の形容詞です。

❺most famous は famous（有名な）の最上級です。work はここでは「作品」のことです。『アストロ・ボーイ』は『鉄腕アトム』の英語名で，astro は「宇宙（の）」を表します。

❻main character は「主要な登場人物」つまり「主人公」のことです。a boy robot は，前にコンマがあるので Astro の説明です。「少年ロボットのアストロ［アトム］」と訳しても，「アストロ［アトム］という少年ロボット」と訳してもかまいません。

❼Although 〜 は「〜だけれども」という意味の接続詞です。makes decisions は「（いろいろなことを）決断する」，for himself は「彼自身で」→「独力で」ということです。この文は，He is a robot, but he makes decisions for himself. と言いかえられます。

❽〈want ＋ 人 ＋ to ＋ 動詞の原形〉で「（人）に〜してもらいたい」という意味を表します。do that（そうする）は make decisions for themselves（彼ら自身で決断する）を短く言ったものです。最後の just like Astro の just は強調で，「アストロ［アトム］とまったく同じように」ということです。

📖 Question

Why did Tezuka use the characters like the doctor in *Black Jack* and the bird in *Phoenix*?

訳 なぜ手塚は『ブラック・ジャック』の医者や『火の鳥』の鳥のような登場人物［キャラクター］を使いましたか。

ヒント ❹の文にその理由が書かれています。To 〜 . の文で答えましょう。

解答例 To send positive messages to his readers.
（読者に前向きなメッセージを送るためです）

✓ Words & Phrases

Black Jack［ブラク／ヂャク］
名『ブラック・ジャック』（作品名）
□ hero［ヒアロウ］ 名英雄，ヒーロー
□ skillful［スキルフル］ 形熟練した
□ disease［ディズィーズ］名病気
□ injury［インヂュリ］ 名けが
Phoenix［フィーニクス］ 名『火の鳥』（作品名）
□ connect［カネクト］ 動〜をつなぐ
□ past［パスト］ 名過去
□ positive［パズィティヴ］形前向きな

□ reader(s)［ゥリーダ（ズ）］ 名読者
Astro Boy［アストロウ／ボイ］ 名『鉄腕アトム』（作品名）
□ robot［ゥロウバト］ 名ロボット
□ although［オールゾウ］接〜だけれども
□ decision(s)［ディスィジョン（ズ）］ 名決断，決心
□ make a decision 決断する
for himself 独力で
□ young［ヤング］ 形若い

❶*Astro Boy* was one of the first animated TV shows in Japan. ❷There were 193 episodes from 1963 to 1966. ❸Its average rating was 30 percent of all viewers, and the highest was 40.7 percent. ❹Soon, many other new animated shows started, too. ❺This was the beginning of the animation boom.

❻Tezuka died at the age of 60 in 1989, but we can still see his influence in books, movies, and in other media. ❼Fans admire him as the "father of anime." ❽Many people continue to enjoy his work today.

日本語訳

❶『鉄腕アトム』は日本で最初のテレビアニメ番組の１つでした。❷1963年から1966年までに193話放映されました。❸その平均視聴率は全視聴者の30パーセントで，最高は40.7パーセントでした。❹やがて多くのほかの新しいアニメ番組も始まりました。❺これがアニメーション・ブームの始まりでした。

❻手塚は1989年に60歳で亡くなりましたが，私たちは今でも，本や映画やそのほかのマスメディアの中に彼の影響を見ることができます。❼ファンは彼を「アニメの父」として賞賛しています。❽今では，多くの人々が彼の仕事を楽しみ続けています。

解 説

❶〈one of the ＋ 複数名詞〉で「～の（うちの）１つ」を表します。the first animated TV shows は「最初のテレビアニメ番組」ということです。first は「いちばんはじめの」ではなく「初期の」と考えればよいでしょう。

❷There were ～ . は「～があった（＝放映された）」ということですね。主語が episodes という複数形なので，was ではなく were が使われています。193 episodes は「193話」で，episode は「（テレビ番組などの）１回放映分」をさします。from ～ to ... は「～から…まで」で，1963も1966も年号を表しています。

❸Its（それの）は「『鉄腕アトム』というテレビアニメ番組の」ということです。and のあとの the highest は，the highest rating（最高視聴率）のことです。40.7は forty point seven と読みます。

❹この文の主語は many other new animated shows（多くのほかの新しいアニメ番組）で，other（ほかの）とは，「『鉄腕アトム』以外の」ということです。

❺This（このこと）は，『鉄腕アトム』に続いて多くのほかの新しいアニメ番組も始まったことをさします。beginning は begin の -ing 形で，「始まること」→「始まり」という意味です。

❻at the age of ～ で「～歳で」を表します。still は「まだ，依然（いぜん）として」，can see ～ in ... は「…の中に～を見ることができる」という意味です。media は「マスメディア，マスコミ，伝達媒体（ばいたい）」のことで，本や映画のほか，新聞，雑誌，テレビ，ラジオなどを含みます。この文は，手塚治虫の死後もずっと，さまざまなメディアで彼の影響（influence）が見られることを述べたものです。

❼admire him（彼を賞賛（しょうさん）する）の him は，もちろん手塚治虫のことです。as ～ は「～として」の意味です。anime（アニメ）はもともと animation を短くした日本語ですが，今では「（日本の）アニメーション作品」をさすことばとして，世界中の多くのアニメ・ファンによって使われています。

❽continue to ～ は「～することを続ける，～し続ける」という意味です。この文の work は「作品」（数えられる名詞）ではなく「仕事」（数えられない名詞）の意味です。「作品」の意味なら works になるはずです。

📖 Question

Where can we see Tezuka's influence?

訳 手塚の影響をどこに見ることができますか。

ヒント 影響は❻の文の後半に書かれています。Tezuka's influence を it に置きかえてまとめてみましょう。

解答例 We can see it in books, movies, and in other media.
（私たちはそれを本や映画やそのほかのマスメディアの中に見ることができます）

✓ Words & Phrases

☐ episode(s) [エピソウド(エピソウズ)]	名 ～の回，～の話
from ～ to ...	～から…まで
☐ **average** [アヴァリヂ]	形 平均の
☐ rating [ゥレイティング]	名 (テレビの)視聴率
☐ viewer(s) [ヴューア(ズ)]	名 視聴者
40.7 = forty point seven	
☐ beginning [ビギニング]	名 始まり
☐ animation [アニメイション]	名 アニメーション
☐ **age** [エイヂ]	名 年齢，年
☐ at the age of ～	～歳で
☐ **influence** [インフルエンス]	名 影響
☐ media [ミーディア]	名 マスメディア，媒体
☐ admire [アドマイア]	動 ～を賞賛する
☐ **continue** [カンティニュー]	動 ～を続ける

Comprehension Check

次の文のうち正しいものには○を，間違っているものには×を，（　　　）の中に書き入れよう。

(1) Tezuka's parents didn't like manga. （　　）

(2) Tezuka got very sick during the war. （　　）

(3) Tezuka entered a medical school after the war. （　　）

(4) He wanted to be a doctor more than a cartoonist. （　　）

日本語訳と解答

(1) 手塚の両親はマンガが好きではなかった。 （ × ）

➡教科書 p.118，10〜13行目

(2) 手塚は戦争中に重い病気にかかった。 （ ○ ）

➡教科書 p.119，3行目

(3) 手塚は戦後に医学部に入った。 （ × ）

➡教科書 p.119，8〜9行目；教科書 p.120，1行目

＊医学部に入ったのは1945年7月，戦争が終わったのは1945年8月。

(4) 彼はマンガ家になるよりも医者になりたかった。 （ × ）

➡教科書 p.120，6〜7行目

Somebody Loves You, Mr. Hatch

だれかがあなたを愛しているよ，ハッチさん

単調な日々を過ごしていたハッチさんのところに，ある日，プレゼントが届きました。その日からハッチさんの心は一変します。

➡教科書 p.124

1

❶ Mr. Hatch was tall and thin and he did not smile.

❷ Every morning at 6:30 sharp he left his house and walked eight blocks to work at a shoelace factory.

❸ At lunchtime he sat alone in a corner, ate his cheese sandwich, and had a cup of coffee. ❹ Sometimes he brought a prune for dessert.

❺ After work he made two stops: at the newsstand to get the paper, and at the grocery store to buy a turkey wing for his supper. ❻ "He keeps to himself," everyone said about Mr. Hatch.

日本語訳

❶ ハッチさんは背が高く，やせていて，ほほ笑むことがありませんでした。

❷ 毎朝6時30分ちょうどに，彼（かれ）は家を出て，靴（くつ）ひも工場で働くために8ブロック歩きました。

❸ 昼食時，彼はすみっこにひとりですわり，チーズサンドを食べ，コーヒーを1杯（ばい）飲みました。

❹ ときどき，彼はデザート用にプルーンを持ってきました。

❺ 仕事のあと，彼は2か所に寄り道しました：新聞を買うために売店に寄り，夕食用のシチメンチョウの手羽を買うために食糧（しょくりょう）雑貨店に寄ったのです。❻「彼は人付き合いをしないんだ」と，みんなはハッチさんについて言いました。

解説

❶thin（やせた）は，「やせ細った」という否定的な意味合いでよく使われます。thin には「薄い」の意味もあります。

参考 a thin book「薄い本」

❷Every morning at 6:30 sharp（毎朝 6 時30分ちょうどに）という時を表す語句が，文のはじめに置かれています。left は leave（～を去る，～を出発する）の過去形です。to work at ～は「～で働くために」で，to work は目的を表す不定詞（副詞的用法）です。

❸この文でも，At lunchtime（昼食時に）という時を表す語句が，文のはじめに置かれています。❹の文や❺の文でも，時を表す語（句）が文のはじめに置かれていることに注意しましょう。sat は sit（すわる）の過去形，ate は eat（～を食べる）の過去形，had は have [has]（～を食べる[飲む]）の過去形です。a cup of coffee は「1 杯のコーヒー」という意味で，「2 杯のコーヒー」なら two cups of coffee と言います。

❹brought は bring（～を持ってくる）の過去形です。

❺stop には「（旅の途中などでの）滞在，立ち寄り」の意味があります。made a stop at ～で「～に立ち寄った」ということです。stops のあとの「:」（コロン）は「つまり」という意味で，two stops を具体的に説明するために使われています。to get と to buy はどちらも「～するために」と目的を表す不定詞です。

❻keeps to himself は「彼自身[ひとり]でいる」→「人付き合いをしない」ということです。

参考 Don't keep to yourself. Play soccer with us.
　「ひとりでいないで。ぼくたちとサッカーをしようよ。」

＊教科書の 🔖 **Words & Phrases** で語句の意味を確認しよう。

Question

What time did Mr. Hatch leave his house every morning?

訳 ハッチさんは毎朝，何時に家を出ましたか。

ヒント ❷の文の前半に答えが書かれています。sharp は「ちょうど」という意味です。

解答例 He left his house at 6:30 sharp (every morning).
　（彼は（毎朝）6 時30分ちょうどに家を出ました）

2

❶ One Saturday, when Mr. Hatch stepped onto the porch, he saw a package.

❷ Mr. Hatch tore the brown paper off. ❸ Inside was a heart-shaped box — all red with a pink bow on top. ❹ It was filled with candy. ❺ There also was a little white card. ❻ It said, "Somebody loves you." ❼ He then remembered that it was Valentine's Day.

❽ Mr. Hatch wondered and wondered. ❾ At last he exclaimed, "Why, I have a secret admirer!" ❿ He laughed for the first time in his life.

3

⓫ At lunchtime on Monday Mr. Hatch sat in the middle of the cafeteria. ⓬ He spoke to everyone and passed out chocolates from his heart box.

日本語訳

❶ ある土曜日，ハッチさんが玄関先(げんかんさき)に出たとき，彼は１つの小包を見ました。

❷ ハッチさんは茶色い紙を引きはがしました。❸ 中にハートの形の箱があり，それは上にピンク色のちょう結びがついた真っ赤な箱でした。❹ それはキャンディでいっぱいでした。❺ 小さな白いカードもありました。❻ それには「だれかがあなたを愛しています」と書いてありました。❼ 彼はそのとき，その日がバレンタインデーであることを思い出しました。

❽ ハッチさんはとても不思議に思いました。❾ ついに彼は「そうか，私には隠(かく)れたファンがいるんだ」と叫(さけ)びました。❿ 彼は生まれて初めて笑いました。

⓫ 月曜日の昼食時，ハッチさんは食堂の中央にすわりました。⓬ 彼はみんなに話しかけ，彼のハートの箱からチョコレートを配りました。

解説

❶stepped は step（歩いて行く）の過去形です。stepped onto ～ で「～（の上）に歩いて出た」という意味になります。porch は「張り出し屋根のある玄関」（➡教科書 p.124の絵），saw は see（～を見る［見かける］）の過去形です。

❷tore は tear（引き裂く）の過去形です。tore ～ off で「～を引きはがした」という意味になります。

❸前半は A heart-shaped box was inside（ハートの形の箱が中にありました）という文の語順が変わっていることに注意しましょう。そのような語順にした理由は，「―」以下で box を説明するためです。「―」（ダッシュ）は「つまり」と直前の名詞（box）を説明するときに使います。「―」以下は an all red box with ～ on top「上に～のついた真っ赤な箱」と考えるとわかりやすいでしょう。

❹was filled with ～ は「～でいっぱいだった」という意味です。なお，candy は「あめ」だけでなく，チョコレートなどを含む甘い菓子全般をさす語です。

❻It said, ～ . は「それには～と書いてあった」という意味です。

❼remembered that ～ は「～ということを思い出した」という意味です。

❽wonder（不思議に思う）の過去形をくり返して強調した文です。

❾At last は「ついに，やっと」という意味です。a secret admirer は「秘密の賞賛者」→「隠れたファン」ということです。

❿for the first time in his life は「彼の人生で初めて」→「生まれて初めて」ということです。

⓫in the middle of ～ は「～の中央に」という意味です。

⓬spoke は speak の過去形，passed は pass（手渡す）の過去形です。passed out ～ from ... で「…から～を（取り出して）配った」という意味になります。

＊教科書の **Words & Phrases** で語句の意味を確認しよう。

Question

What did Mr. Hatch remember when he read the card?

訳 カードを読んだとき，ハッチさんは何を思い出しましたか。

ヒント ❺～❼の文を見て答えましょう。

解答例 He remembered that it was Valentine's Day.

（彼はその日がバレンタインデーであることを思い出しました）

❶He started to help people, too. ❷When Mr. Smith at the newsstand didn't feel very well and had to go to the doctor, Mr. Hatch offered to watch the stand for him. ❸When the grocer Mr. Todd was worried about his daughter, Mr. Hatch went to look for her and brought her back.

❹After supper, Mr. Hatch baked brownies. ❺When people came around his house, he gave them brownies and lemonade. ❻Mr. Hatch played an old harmonica and everyone danced.

4

❼And so the days and weeks went by. ❽Then one afternoon Mr. Goober, the postman, came to his door. ❾His face was very serious. ❿"I made a mistake some time ago," he said. ⓫"Do you recall the package on Valentine's Day? ⓬I'm afraid I delivered it to the wrong address."

日本語訳

❶彼はまた, 人々を助け始めました。❷新聞の売店にいるスミスさんの体調があまりすぐれず, 医者に行かなければならなかったときには, ハッチさんは彼のために店番をすることを申し出ました。❸食料雑貨商のトッドさんが娘さんのことを心配していたときには, ハッチさんは彼女を探しに行って連れて帰りました。

❹夕食後, ハッチさんはブラウニーをオーブンで焼きました。❺人々が彼の家にぶらっと訪れたとき, 彼は彼らにブラウニーとレモネードをあげました。❻ハッチさんは古いハーモニカを吹き, みんなは踊りました。

❼そんなふうにして, 何日も何週間も過ぎました。❽すると, ある午後, 郵便集配人のグーバーさんが彼の家にやって来ました。❾彼の顔はとても深刻でした。❿「しばらく前, 私は間違いをしました」と彼は言いました。⓫「あなたはバレンタインデーの小包を覚えていますか？⓬申しわけありませんが, 私はそれを間違った住所に配達しました。」

解説

❷When ～ the doctor は，時を表す長い語句で，Mr. Smith at ～ は「～にいるスミスさん」，didn't feel very well は「具合［体調］があまりよくなかった」，had to ～ は「～しなければならなかった」という意味です。offered は offer（～を申し出る）の過去形，watch はここでは「見守る，見張る」つまり「店番をする」ということです。stand は newsstand と同じです。

❸was worried about ～ は「～のことを心配した」という意味です。すぐあとに Mr. Hatch went to look for her（ハッチさんは彼女を探しに行った）とあるので，トッドさんは娘が見当たらないので心配していたことがわかります。brought ～ back は「～を持ち帰った」→「～を連れて帰った」ということです。

❺〈gave ＋ 人 ＋ もの〉で「(人)に(もの)をあげた」の意味を表します。them はハッチさんの家にぶらっと訪れた人々をさします。

❼And so（そしてそのように）は，孤独だったハッチさんがみんなと仲良く過ごしている様子をさします。went by は「過ぎた，経過した」という意味です。

❾His は Mr. Goober's（グーバーさんの）と言いかえられます。serious は「重大な，深刻な，まじめな，本気の」などの意味を持つ形容詞です。

❿made は make の過去形です。made a mistake で「間違いをした，間違えた」という意味を表します。

⓫Do you recall ～？は「あなたは～を覚えていますか」という意味で，Do you remember ～？と言ってもほぼ同じです。

⓬I'm afraid (that) ～ . は，よくないことを言ったり，失礼になりそうな発言をやわらげたりするときに使い，「残念ですが～のようです」「どうやら～のようです」「言いにくいのですが～です」などと訳すことができます。it は the package on Valentine's Day（バレンタインデーの小包）をさします。the wrong address（間違った住所）は「ハッチさんの住所」をさしています。

> **参考** I'm afraid you have the wrong number.
> 「〔電話で〕間違った番号にかけていると思いますよ。」
> →「番号をお間違えのようですよ。」

＊教科書の 📖 **Words & Phrases** で語句の意味を確認しよう。

Question

What did Mr. Hatch do after supper?

訳 ハッチさんは夕食後に何をしましたか。

ヒント after supper は「夕食後」なので，❹の文を読むと答えがわかります。

解答例 He baked brownies.（彼はブラウニーをオーブンで焼きました）

❶Mr. Hatch fetched the empty heart-shaped box and returned it to the postman. ❷He also gave him the little white card.

❸Alone in his living room, Mr. Hatch sighed. ❹"Nobody loved me after all."

❺The next day he went back to his old routine and stopped talking to anyone.

❻Everyone whispered, "What is wrong with Mr. Hatch?"

❼Mr. Smith told everyone how Mr. Hatch watched his newsstand for him, and Mr. Todd told everyone how Mr. Hatch found his little girl.

❽All the children in the neighborhood remembered Mr. Hatch's wonderful brownies and lemonade. ❾And most of all his laughter.

❿"Poor Mr. Hatch," they said. ⓫"What can we do?"

⓬Then Mr. Goober announced, "I have an idea."

日本語訳

❶ハッチさんは空のハートの形の箱を取ってきて，それを郵便集配人に返しました。❷彼は小さな白いカードも彼に渡しました。

❸居間の中でただひとり，ハッチさんはため息をつきました。❹「やはり，だれも私を愛していなかった。」

❺その翌日，彼は自分の古くからの日課に戻り，だれかに話しかけるのを止めました。

❻みんなは「ハッチさんはどうしたのだろう？」とささやきました。

❼スミスさんはみんなに，ハッチさんが彼のために新聞の売店の店番をしたことを話し，トッドさんはみんなに，ハッチさんが彼の小さな娘さんを見つけたことを話しました。

❽近所の子どもたちはみんな，ハッチさんのすばらしいブラウニーとレモネードを思い出しました。❾そしてとりわけ，彼の笑い声を。

❿「かわいそうなハッチさん」と彼らは言いました。⓫「私たちは何ができるだろうか？」

⓬するとグーバーさんは「私に考えがある」と（大声で）知らせました。

解説

❶fetch は「(行って) 取って [連れて] くる」という意味の動詞です。empty (空の) は，みんなに分けてしまって，キャンディがもう残っていないことを表しています。

❷〈gave ＋ 人＋もの〉で「(人) に (もの) をあげた」という意味を表します。

❸この文は，Mr. Hatch sighed alone in his living room. (ハッチさんは居間の中でひとりでため息をつきました) の語順を変えたものです。

❹Nobody 〜 . は「だれも〜ない」，after all は「けっきょく，やはり」という意味です。

❺old routine (古い日課) は，孤独だったときの日課をさします。どんな日課だったかは教科書p.124に書かれています。stop -ing は「〜することを止める」という意味です。

❻What is wrong with 〜？は「〜はどうかしたのですか，まずいことでもありましたか」と心配するときの決まり文句です。

❼長い文ですが，整理すると Mr. Smith told everyone 〜 , and Mr. Todd told everyone ....(スミスさんはみんなに〜と話し，トッドさんはみんなに…と話した) となります。how を that (〜ということ) と置きかえて，「〜ということをみんなに話した」と考えてもかまいませんが，「様子を表す how」を使っているのは，「ハッチさんが彼 (＝スミスさん) のために店番をした様子」と「ハッチさんが彼 (＝トッドさん) の娘さんを見つけに行った様子」をあれこれ話したからです。

❽主語は All the children in the neighborhood (近所のすべての子どもたち) です。

❾most of all は「とりわけ，何よりも」という意味です。この文は，「とりわけ彼の笑い声を思い出した」ということを表しています。

⓫この文は，What can we do for him? (私たちは彼のために何ができるでしょうか) とほぼ同じ意味です。

⓬idea は「考え，意見」です。have an idea で「考えがある」という意味になります。I have a good idea. と言ってもほぼ同じです。

参考 I have no idea.「まったくわかりません。」

＊教科書の 📖 **Words & Phrases** で語句の意味を確認しよう。

Question

What did Mr. Hatch say after he returned the box and the card to the postman?

訳 ハッチさんは郵便集配人に箱とカードを返したあとで，何と言いましたか。

ヒント ❹の文を見て答えましょう。

解答例 He said, "Nobody loved me after all."
(彼は「やはり，だれも私を愛していなかった」と言いました)

5

❶On Saturday morning Mr. Hatch woke to a bright and sunny day. ❷He put on his old overalls and went out to the porch.

❸He couldn't believe his eyes. ❹All over the porch were red and white hearts and pink bows. ❺There were boxes of candy on the chairs and yellow streamers from the ceiling. ❻And sticking up out of his mailbox was a shining silver harmonica.

❼The front yard was filled with people. ❽Happy smiling people. ❾They were holding up a huge sign with hand-painted letters. ❿It said: EVERYBODY LOVES MR. HATCH.

(Eileen Spinelli, *Somebody Loves You, Mr. Hatch* より)

日本語訳

❶土曜日の朝，ハッチさんはまぶしく晴れた日に気づきました。❷彼は古いつなぎを着て，玄関に出ました。

❸彼は自分の目が信じられませんでした。❹玄関一面に，赤と白のハートとピンクの蝶結びがありました。❺いすの上にはキャンディの箱があり，天井からは黄色のテープが下がっていました。❻そして郵便箱からはみ出して，輝く銀のハーモニカがありました。

❼前庭は人々でいっぱいでした。❽幸せそうにほほ笑む人々。❾彼らは手描きの文字が書かれた非常に大きな看板を掲げていました。❿それにはこう書いてありました：みんなハッチさんが大好き。

解 説

❶woke は wake（目を覚ます）の過去形です。woke to ～ で「～に気づいた」という意味を表します。

❷この文の put は過去形です（現在形なら puts になるはず）。put on ～ は「～を着た［身につけた］，went out to ～ は「～に向かって外に出た」という意味です。

❸couldn't は could not の短縮形で，could は can の過去形です。つまり，couldn't は can't の過去形ということになります。「彼の目を信じることができなかった」とは「見たものが信じられなかった」「自分の目を疑った」ということです。

❹この文は，Red and white hearts and pink bows were all over the porch.（赤と白のハートとピンクの蝶結びが玄関一面にありました）という文の all over the porch が文のはじめに置かれたものです。そのために語順が〈動詞（were）＋主語（red 〜 bows）〉に変わっています。

❺There were 〜 .「〜があった」という文です。and のあとに there were を補うとわかりやすいでしょう。「いすの上にはキャンディの箱があり」「天井からは黄色のテープがあった」ということです。

❻この文は，And a shining silver harmonica was sticking up out of his mailbox（輝く銀のハーモニカが郵便箱からはみ出ていました）の sticking up out of his mailbox が文のはじめに置かれたものです。

❽「幸せな，ほほ笑んでいる人々」は，❼の文の people の様子を説明したものです。

❾「〜を掲げていた」という過去進行形の文です。with 〜 は「〜のついた」という意味です。

＊教科書の 🔖**Words & Phrases** で語句の意味を確認しよう。

Comprehension Check

物語の内容に合うように，下線部に適切な文を書こう。

(1) On Valentine's Day, Mr. Hatch got a package from someone. Inside the package, there were candies and a card. It said, "＿＿＿＿＿＿＿＿＿＿＿＿＿＿＿."

(2) When Mr. Hatch knew that the package was not for him, he sighed, "＿＿＿＿＿＿＿＿＿＿＿＿＿＿＿＿."

(3) One morning, he was surprised to see many boxes of candy and smiling people in the yard. They were holding a sign, "＿＿＿＿＿＿＿＿＿＿＿＿＿＿＿."

日本語訳と解答例

(1) バレンタインデーに，ハッチさんはだれかから小包を受け取りました。小包の中にはキャンディとカードがありました。それには「＿＿＿＿＿＿＿＿＿＿」と書いてありました。

　解答例 Somebody loves you（だれかがあなたを愛しています）➡教科書 p.125，5行目

(2) ハッチさんがその小包は彼に対するものではないと知ったとき，彼は「＿＿＿＿＿＿＿＿＿＿」とため息をつきました。

　解答例 Nobody loved me after all（やはり，だれも私を愛していなかった）
　　➡教科書 p.127，4行目

(3) ある朝，彼は庭で多くのキャンディの箱とほほ笑んでいる人々を見て驚きました。彼らは「＿＿＿＿＿＿＿＿」という看板を持っていました。

　解答例 EVERYBODY LOVES MR. HATCH（みんなハッチさんが大好き）
　　➡教科書 p.128，9行目

Activities Plus 1

Questions & Answers 質問に２文以上で答えよう。　　➡教科書 p.130

■教科書の英文と日本語訳を比べてみよう。

	質問　Questions	応答例　Sample Answers
1	あなたの春休みはどうでしたか。	すばらしかったです。私は友達と釣りに行きました。
2	あしたは晴れるでしょうか。	はい，晴れるでしょう。あしたは暖かいでしょう。
3	あなたはけさ朝食を食べましたか。	はい，食べました。私はけさ，トーストと牛乳を食べました。
4	あなたのお気に入りの季節は何ですか。	春です。私の誕生日は５月で，私たちは４月に新しい友達たちと出会うことができます。
5	あなたの家の近くによいレストランがありますか。	はい，あります。人気のある中華料理店があります。
6	あなたは自由な時間に何をしますか。	私はテレビ・ゲームをします。私はときどきテレビを見ます。
7	あなたは今度の日曜日に何をする予定ですか。	私は学校でテニスをする予定です。私たちはテニスの試合のために練習しています。
8	あなたは歌うことがじょうずですか。	いいえ，じょうずではありません。でも私はときどきカラオケを楽しみます。
9	あなたのお気に入りの学校行事は何ですか。	学園祭です。それはとてもおもしろいです。
10	学校に早く来るのはだれですか。	マリです。彼女は毎朝７時10分に学校に着きます。
11	あなたの家に本が何冊ありますか。	約300冊あります。私の父は読書が好きです。
12	あなたはどれくらいよく運動をしますか。	私は１週間に２回だけ運動をします。私はそれを体育の授業でだけします。
13	あなたは今夜テレビを見る予定ですか。	いいえ，そうではありません。私は夕食のあとに宿題をする予定です。
14	あなたは楽器を何か演奏することができますか。	いいえ，できません。私はドラムを習いたいです。
15	あなたはどんな種類の食べものが好きですか。	私はイタリア料理が好きです。私はスパゲッティが大好きです。

Topics for Speaking　即興のチャットやスピーチをしてみよう。➡教科書 p.131

■教科書の英文と日本語訳を比べてみよう。

	話題　Topics	チャットで使う質問例　Sample Questions
1	春休み	あなたの春休みはどうでしたか。 あなたは楽しい春休みを過ごしましたか。
2	お気に入りの季節	あなたのお気に入りの季節は何ですか。 あなたは夏が好きですか，それとも冬ですか。
3	自由な時間	あなたはふつう，自由な時間に何をしますか。 あなたは自由な時間にテレビ・ゲームをしますか。
4	読書	あなたは読書が好きですか。 あなたはしばしば学校の図書室に行きますか。
5	音楽	あなたは音楽が好きですか。 あなたはどんな種類の音楽が好きですか。
6	スポーツ	あなたはスポーツを何かしますか。 あなたはどれくらいよくテレビでスポーツを見ますか。

即興スピーチにチャレンジ！　Impromptu Speech

■教科書の英文と日本語訳を比べてみよう。

例
1. 私の春休みは静かでした。私はどこにも行きませんでした。私は本を3冊読みました。
2. 私のお気に入りの季節は夏です。私たちには長い休暇があります。私は海で泳ぐことが好きです。
3. 私は私の自由な時間にビデオを見ます。私はアニメが大好きです。私は声優になりたいです。
4. 私は読書が好きです。私のお気に入りの作家は山田悠介です。彼の物語はおもしろいです。
5. 私は音楽が好きです。私の家にピアノがあります。私はときどきピアノを弾きます。
6. 私はスポーツが好きではありません。私は走ることがじょうずではありません。私は運動をしなければなりません。

Activities Plus 2

➡教科書 p.132

Questions & Answers 質問に２文以上で答えよう。

■教科書の英文と日本語訳を比べてみよう。

	質問　Questions	応答例　Sample Answers
1	あなたは最近，友達に何かあげましたか。	いいえ，あげませんでした。でもアキラは私の誕生日に私に本をくれました。
2	私たちはなぜ学校で英語を勉強すべきですか。	多くの人が英語を使うからです。私はそれは大切だと思います。
3	あなたは今夜，何をする予定ですか。	私はテレビで新しいドラマを見る予定です。私はそのあとに勉強します。
4	あなたは多くの人が盲導犬について知るべきだと思いますか。	はい，思います。彼らは多くの人にとって必要です。
5	あなたはどんな種類の映画が好きですか。	私はSF映画が好きです。私は『スター・ウォーズ』が好きです。
6	あなたのゴールデンウィークはどうでしたか。	すばらしかったです。私は家族とキャンプに行きました。
7	あなたは学校に多くのコンピューターがあるべきだと思いますか。	はい，思います。生徒がそれらを授業で使います。
8	８年生の中でだれが速く走りますか。	ナオトです。彼はサッカー部に入っています。
9	あなたは数学が難しいと思いますか。	いいえ，思いません。私たちの数学の先生の授業はおもしろいです。
10	あなたは泳ぐことがじょうずですか。	はい，じょうずです。私はバタフライがじょうずです。
11	あなたは今夜，音楽を聞く予定ですか。	はい，そうです。私は毎晩，音楽を聞きます。
12	あなたは，毎週土曜日に学校（の授業）があるべきだと思いますか。	いいえ，思いません。私たちは疲れるでしょう。
13	あなたは楽器を何か演奏することができますか。	いいえ，できません。私はトランペットを習いたいです。
14	あなたのお気に入りの運動選手はだれですか。	私は大坂なおみが好きです。私は彼女とテニスをしたいです。
15	あなたは料理がじょうずですか。	いいえ，じょうずではありません。私は目玉焼きをつくることさえできません。

Topics for Speaking　即興のチャットやスピーチをしてみよう。➡教科書 p.133

■教科書の英文と日本語訳を比べてみよう。

	話題　Topics	チャットで使う質問例　Sample Questions
1	今夜	あなたは今夜，何をする予定ですか。 あなたは今夜，特別な計画が何かありますか。
2	映画	あなたはどんな種類の映画が好きですか。 あなたは映画に興味がありますか。
3	ゴールデンウィーク	あなたのゴールデンウィークはどうでしたか。 あなたはゴールデンウィークの間に何をしましたか。
4	コンピューター	あなたはコンピューターを持っていますか。 あなたはどれくらいよくコンピューターを使いますか。
5	音楽	あなたはどんな種類の音楽が好きですか。 あなたは楽器を何か演奏しますか。
6	お気に入りの運動選手	あなたのお気に入りの運動選手はだれですか。 あなたは運動選手のだれかのファンですか。

即興スピーチにチャレンジ！　Impromptu Speech

■教科書の英文と日本語訳を比べてみよう。

例
1. 私の祖父母は今夜，私たちを訪れる予定です。私たちはいっしょに夕食を食べます。私は彼らが好きです。

2. 私はしばしば家族と映画に行きます。私たちはアニメが好きです。私たちは今度の日曜日に映画を見る予定です。

3. 私は家族といっしょにゴールデンウィーク中にキャンプに行きました。私たちは山梨に行きました。私たちはとても楽しいときを過ごしました。

4. 私はしばしば家でコンピューターを使います。私はコンピューターを持っていませんが，父は持っています。私は自分自身のコンピューターがほしいです。

5. 私はロックのファンです。私は毎日ロック音楽を聞きます。私はギターを習いたいです。

6. 私のお気に入りの運動選手は大谷 翔平です。私は，彼はすばらしい野球選手だと思います。私はアメリカ合衆国に行って彼の試合を見たいです。

211

Activities Plus 3

Questions & Answers 質問に２文以上で答えよう。 ➡教科書 p.134

■教科書の英文と日本語訳を比べてみよう。

	質問　Questions	応答例　Sample Answers
1	あなたは昨晩の８時に何をしていましたか。	私は家族とテレビを見ていました。私たちはサッカーの試合を見ていました。
2	あなたは，毎週土曜日に学校（の授業）があるべきだと思いますか。	はい，思います。私は毎日，同級生に会いたいです。
3	あなたは昆虫が怖いですか。	いいえ，怖くありません。でも私はゴキブリやガが好きではありません。
4	あなたは友達を助けるために何かしますか。	はい，します。私は友達が悲しそうなとき，彼らに話しかけます。
5	のどが渇いているとき，あなたは何を飲みたいですか。	私は冷たい水を飲みたいです。私は甘い飲みものが好きではありません。
6	あなたは多くの地域で数百万の人が清潔な水を飲めないことを知っていますか。	はい，知っています。いつでも清潔な水を飲むことができるので，私たちは幸せです。
7	スパゲッティを食べるとき，あなたはフォークとはしのどちらを使いますか。	私ははしを使います。私たちははしで簡単に麺類を食べることができます。
8	あなたは今日，することが何かありますか。	はい，あります。私は英語の宿題をしなければなりません。
9	あなたは今度の日曜日に何をする予定ですか。	私はサッカーをしに学校に行く予定です。私たちは毎週日曜日に練習します。
10	私たちはなぜ学校で英語を勉強すべきですか。	私たちは多くの人とコミュニケーションをとるために英語を勉強します。それはとても大切です。
11	けさあなたが私たちの担任の先生に会ったとき，彼／彼女はどう見えましたか。	彼／彼女はうれしそうでした。私たちに話しかけるとき，彼／彼女はいつもほほえみます。
12	あなたはおふろに入るのが好きですか。	はい，好きです。私は毎日20分間おふろに入ります。
13	８年生の中で速く泳ぐのはだれですか。	B組のミキです。彼女は週末に水泳を練習します。
14	再生エネルギーはなぜきれいなエネルギーなのですか。	それは空気や水を汚染しないからです。私たちはきれいなエネルギーをもっと使うべきです。
15	あなたは夏休みの間に何をしたいですか。	私は毎日ピアノを練習したいです。私はじょうずなピアノ演奏家になりたいです。

Topics for Speaking　即興のチャットやスピーチをしてみよう。➡教科書 p.135

■教科書の英文と日本語訳を比べてみよう。

	話題　Topics	チャットで使う質問例　Sample Questions
1	毎週土曜日の学校	あなたは，毎週土曜日に学校（の授業）があるべきだと思いますか。 あなたは毎週土曜日に学校に来たいですか。
2	お気に入りの飲みもの	のどが渇いているとき，あなたは何を飲みますか。 あなたのお気に入りの飲みものは何ですか。
3	今日	あなたは今日，することが何かありますか。 あなたの今日のスケジュールはどうなっていますか。
4	今度の日曜日	あなたは今度の日曜日に何をする予定ですか。 あなたは今度の日曜日は忙しいですか。
5	水泳	あなたは水泳が好きですか。 8年生の中で速く泳ぐのはだれですか。
6	夏休み	あなたは夏休みの計画が何かありますか。 あなたは夏休みの間に何をしたいですか。

即興スピーチにチャレンジ！　Impromptu Speech

■教科書の英文と日本語訳を比べてみよう。

例
1. 私は，毎週土曜日に学校（の授業）があるべきだとは思いません。中には毎週土曜日に習い事がある生徒たちもいます。私は毎週土曜日には自由な時間を持ちたいです。
2. のどが渇いているとき，私は冷たい緑茶を飲みます。私は食事を食べるときにそれを飲みます。それは健康的な飲みものだと思います。
3. 私は今日，することが何もありません。私は家に帰ってお気に入りのバンドを聞くつもりです。私は夕食のあとに宿題をするつもりです。
4. 私は友達と映画を見に行く予定です。そのあと，私は買いものに行きたいです。映画館の周りにはよい店があります。
5. 私は水泳がじょうずではありません。私は25メートルしか泳げません。私はミズキのようなじょうずな泳ぎ手になりたいです。
6. 私は夏休みの計画が何もありません。たぶん私は祖父母に会いに千葉に行くでしょう。私は夏ごとに彼らを訪れます。

Activities Plus 4

Questions & Answers 質問に2文以上で答えよう。 ➡教科書 p.136

■教科書の英文と日本語訳を比べてみよう。

	質問　Questions	応答例　Sample Answers
1	あなたは将棋のしかたを知っていますか。	はい，知っています。小学生だったとき，私は将棋をしました。
2	理科を勉強することはあなたにとっておもしろいですか。	はい，おもしろいです。私はサトウ先生の教え方が好きです。
3	あなたは本を読むことが好きですか。	はい，好きです。私は放課後に学校の図書室に行くのが好きです。
4	あなたはハロウィーンのために何か特別なことをしますか。	はい，します。私は毎年，恐ろしい衣装を着ます。
5	あなたは釣りに行きますか。	いいえ，行きません。でも私の兄[弟]は釣りに行くのが好きです。
6	あなたは小さな子どもたちの世話をするのがじょうずですか。	はい，じょうずです。私はしばしば弟の面倒を見ます。
7	あなたは将来，何をしたいですか。	私はアメリカで働きたいです。私は英語をもっと勉強しなければなりません。
8	あなたはジャック・オ・ランタンのつくり方を知っていますか。	はい，知っています。私は去年それをつくりました。
9	あなたは昨晩の10時30分に何をしていましたか。	私は眠っていました。私はふつう10時に寝ます。
10	アニメを見ることはあなたにとっておもしろいですか。	はい，おもしろいです。私はときどきテレビでアニメを見ます。
11	あなたは歩くこと[散歩]が好きですか。	はい，好きです。私はときどき川に沿って歩きます[散歩します]。
12	あなたは外国に行くことに興味がありますか。	はい，あります。私は英語を勉強するためにオーストラリアに行きたいです。
13	自分で昼食をつくることは，あなたにとって難しいですか。	はい，難しいです。でも私は焼きそばをつくることができます。
14	地震が起きたらどこに行くべきか，あなたは知っていますか。	はい，知っています。私は家の近くの公園に行かなければなりません。
15	あなたはどこで職場体験をしましたか。	私は駅の近くの書店に行きました。それは私にとってよい体験でした。

Topics for Speaking　即興のチャットやスピーチをしてみよう。➡教科書 p.137

■教科書の英文と日本語訳を比べてみよう。

	話題 Topics	チャットで使う質問例　Sample Questions
1	読書	あなたは読書が好きですか。 本を読むことはあなたにとっておもしろいですか。
2	ハロウィーン	あなたはハロウィーンのために何か特別なことをしますか。 あなたはジャック・オ・ランタンのつくり方を知っていますか。
3	釣り	あなたは釣りに行きますか。 あなたは釣りに興味がありますか。
4	夢	あなたは将来，何をしたいですか。 あなたの夢は何ですか。
5	外国に行く	あなたは外国に行きたいですか。 あなたは外国に行くことに興味がありますか。
6	職場体験	あなたはどこで職場体験をしましたか。 あなたの職場体験はどうでしたか。

即興スピーチにチャレンジ！　Impromptu Speech

■教科書の英文と日本語訳を比べてみよう。

例
1. 私は読書が好きです。私は家に本がたくさんあります。私は毎日１時間読みます。
2. 私はハロウィーンに興味がありません。でも私はジャック・オ・ランタンをつくりたいです。それはおもしろそうです。
3. 私は釣りが好きです。私はときどき父と釣りに行きます。彼は釣りがじょうずです。
4. 子どもが好きなので，私は幼稚園の先生になりたいです。私は大学に行くために一生懸命に勉強しなければなりません。私は先生になることは難しいと知っていますが，全力を尽くすつもりです。
5. 私は外国に行くことに興味があります。大学生になったら，私は英語を勉強するために外国に行きたいです。英語で話すことはおもしろいです。
6. 私はコンビニエンス・ストアで働きました。私は商品を棚に置きました。職場体験はおもしろかったです。

215

Activities Plus 5

Questions & Answers 質問に２文以上で答えよう。 →教科書 p.138

■教科書の英文と日本語訳を比べてみよう。

	質問　Questions	応答例　Sample Answers
1	あなたの家族の中でだれがいちばん背が高いですか。	父です。私は家族の中で2番目に背が高いです。
2	あなたは囲碁のしかたを知っていますか。	いいえ，知りません。父はそれをしますが，私はそれのしかたをまったく知りません。
3	あなたはごはんとパンでは，どちらのほうが好きですか。	私はパンのほうが好きです。私はたいてい朝食にトーストを１枚食べます。
4	あなたは昨晩の７時30分に何をしていましたか。	私は家族と夕食を食べていました。私たちは昨日，中華料理を食べました。
5	あなたにとって最もおもしろい教科は何ですか。	理科です。キムラ先生の授業は理解しやすいです。
6	アニメを見ることはあなたにとっておもしろいですか。	はい，おもしろいです。私はときどき映画館でアニメを見ます。
7	あなたは将来，何をしたいですか。	私は研究者になりたいです。私はもっと一生懸命に勉強しなければなりません。
8	あなたは何の季節がいちばん好きですか。	私は夏がいちばん好きです。私は海に泳ぎに行くことが好きです。
9	あなたは料理がじょうずですか。	いいえ，じょうずではありません。私は料理のしかたを習いたいです。
10	日本で人気のあるスポーツは何ですか。	私は野球だと思います。タイガースは私たちの市でとても人気があります。
11	あなたは音楽に興味がありますか。	いいえ，ありません。私は自分の部屋で決して音楽を聞きません。
12	あなたはふつう何時に，学校に向けて家を出ますか。	私はふつう８時に出ます。私は８時10分に学校に着きます。
13	この学校はいつ創立されましたか。	約80年前に創立されました。それは私たちの市でいちばん古い学校の１つです。
14	あなたの家の近くにコンビニエンス・ストアがありますか。	いいえ，ありません。私の家からいちばん近いコンビニエンス・ストアまで歩いて行くのに，20分かかります。
15	あなたにとって最もわくわくするスポーツは何ですか。	バスケットボールです。プレーするのはわくわくします。

Topics for Speaking　即興のチャットやスピーチをしてみよう。➡教科書 p.139

（そっきょう）

■教科書の英文と日本語訳を比べてみよう。

	話題　Topics	チャットで使う質問例　Sample Questions
1	ごはんかパンか	あなたはごはんとパンでは，どちらのほうが好きですか。 あなたは朝食にごはんを食べますか。
2	教科	あなたは何の教科がいちばん好きですか。 あなたにとって最もおもしろい教科は何ですか。
3	夢	あなたは将来，何をしたいですか。 あなたの夢は何ですか。
4	季節	あなたは何の季節がいちばん好きですか。 あなたのお気に入りの季節は何ですか。
5	私たちの学校	私たちの学校はいつ創立されましたか。 私たちの学校のよい点は何ですか。
6	コンビニエンス・ストア	あなたの家の近くにコンビニエンス・ストアがありますか。 あなたはしばしばコンビニエンス・ストアに行きますか。

即興スピーチにチャレンジ！　Impromptu Speech

■教科書の英文と日本語訳を比べてみよう。

例
1. 私はごはんよりパンのほうが好きです。私はたいてい朝食にパンを食べます。私はジャムをつけてパンを食べるのが好きです。

2. スポーツが好きなので，私は体育がいちばん好きです。私は同級生たちと球技をするのが好きです。私は，私たちの体育の先生は私たちに厳しいけれど親切だと思います。

3. 私は作家になりたいです。私は読書が大好きです。私は今，物語を書くことを試みています。

4. 私は春がいちばん好きです。私の誕生日は春です。さらに，私は新しい友達をつくることができます。

5. 私たちの学校は20年前に創立されました。それは新しい学校です。施設がよいので，私は私の学校が好きです。

（しせつ）

6. 私の家の近くにはコンビニエンス・ストアがありません。いちばん近いコンビニエンス・ストアまで歩いて行くのに，30分かかります。私は私の家の近くにコンビニエンス・ストアがほしいです。

不規則動詞変化表

● A−A−A 型

原形	現在形	過去形	過去分詞形	現在分詞形
cut	cut	cut	cut	cutting
let	let	let	let / letten	letting
read	read	read	read	reading
set	set	set	set	setting

● A−B−A 型

原形	現在形	過去形	過去分詞形	現在分詞形
become	become	became	become	becoming
come	come	came	come	coming
run	run	ran	run	running
overcome	overcome	overcame	overcome	overcoming

● A−B−B 型

原形	現在形	過去形	過去分詞形	現在分詞形
bring	bring	brought	brought	bringing
build	build	built	built	building
burn	burn	burned / burnt	burned / burnt	burning
buy	buy	bought	bought	buying
catch	catch	caught	caught	catching
feel	feel	felt	felt	feeling
fight	fight	fought	fought	fighting
find	find	found	found	finding
have	have	had	had	having
hear	hear	heard	heard	hearing
hang	hang	hung / hanged	hung / hanged	hanging
hold	hold	held	held	holding
keep	keep	kept	kept	keeping
make	make	made	made	making
mean	mean	meant	meant	meaning
meet	meet	met	met	meeting
say	say	said	said	saying
send	send	sent	sent	sending
shoot	shoot	shot	shot / shotten	shooting
sit	sit	sat	sat	sitting
sleep	sleep	slept	slept	sleeping
spell	spell	spelled / spelt	spelled / spelt	spelling
tell	tell	told	told	telling
think	think	thought	thought	thinking
teach	teach	taught	taught	teaching
win	win	won	won	winning

● A−B−C 型

原形	現在形	過去形	過去分詞形	現在分詞形
be	am / is / are	was / were	been	being
bite	bite	bit	bitten	biting
break	break	broke	broken	breaking
choose	choose	chose	chosen	choosing
do	do	did	done	doing
draw	draw	drew	drawn	drawing
eat	eat	ate	eaten	eating
fall	fall	fell	fallen	falling
fly	fly	flew	flown	flying
get	get	got	gotten / got	getting
give	give	gave	given	giving
grow	grow	grew	grown	growing
know	know	knew	known	knowing
rise	rise	rose	risen	rising
see	see	saw	seen	seeing
sing	sing	sang	sung	singing
speak	speak	spoke	spoken	speaking
swim	swim	swam	swum	swimming
take	take	took	taken	taking
wake	wake	woke	woken	waking
write	write	wrote	written	writing
wear	wear	wore	worn	wearing

B